REVUE DU DÉPARTEMENT DU TARN

LETTRES DE CORAS

CELLES DE SA FEMME

DE SON FILS & DE SES AMIS

PUBLIÉES

Par M. CH. PRADEL

ALBI
IMPRIMERIE G.-M. NOUGUIÈS
—
1880

AVERTISSEMENT

Les documents que nous publions ici étaient complétement inédits.

Ils ont été déposés aux archives de la Haute-Garonne par M. d'André de Fervolles, ancien inspecteur d'Académie, et proviennent d'un don fait par Mme Lunel, née Imbert, dernière descendante des Coras. Cependant, c'est à notre ami M. Baudouin que nous devons de les connaître.

Ces pièces nous font pénétrer dans l'intérieur d'une famille marquante du XVIe siècle. Les détails que l'on y trouve jettent un jour tout nouveau sur la noble figure de Jean Coras. On s'était habitué à voir dans ce jurisconsulte un grave sénateur toulousain, un solennel chancelier de Navarre, alourdi par le digeste et les préoccupations politiques; elles nous dévoilent un homme au caractère aimant, gai, spirituel et fin, bien au-dessus de la grossièreté rabelaisienne de son temps, lorsqu'il se permet quelque licence dans des lettres intimes adressées à sa femme qu'il chérit.

La question de savoir si Coras est né à Toulouse ou à Réalmont est encore controversée. Il est aisé toutefois de s'assurer de la vérité à cet égard en consultant les premières éditions de ses ouvrages; — nous ne dirons rien des sources mêmes où nous avons puisé pour prouver ailleurs son origine. — Les œuvres de Coras, publiées par Guillaume Forster (Wittemberg, 1603), nous disent : « ... *Natus est Realmontii Albien-* « *sium oppido, in agro Tholosano, cujus pater* Ομωνυμος, *notarius, pragmaticam egisse vitam, etc....* » — Bien avant la publication de ce recueil, du vivant même de notre auteur, un de ses chauds amis avait affirmé ce fait dans une biographie latine de Coras, réimprimée en tête de son traité : DE JURIS ARTE, Cologne, 1563. Elle est fort rare, n'a jamais vu le jour en Français, que nous sachions, et fixera, avec une autorité incontestable désormais, certains points discutés de la vie de Coras.

Nous la traduisons ici littéralement :

Vie de Jean Coras,

Illustre jurisconsulte du Parlement de Toulouse, publiée par Antoine Usilis, conseiller au Présidial et professeur à l'École de droit de Montpellier, 1559.

Le jurisconsulte Jean Coras, fils de Jean et de Catherine Thermie, naquit à Réalmont, petite place forte de l'Albigeois, mais fut élevé à Toulouse où, dès le berceau, il fut destiné à l'étude du droit. Il en apprit les premiers principes dans cette ville, dès que son âge le permit, et il y fit de si rapides progrès, qu'à treize ans à peine il s'exerçait à discuter des questions de droit civil du haut de la chaire.

Il partit alors pour Angers où, étant encore un enfant, il fut entretenu aux frais du trésor public et remplit les fonctions de professeur avec distinction, eu égard à son âge. Il passa de là à Orléans et bientôt après à Paris ; partout il enseigna le droit canonique. Enfin, pour satisfaire un désir qui ne le quittait pas, il franchit les Alpes et poussa jusqu'à Padoue afin de profiter des leçons des célèbres jurisconsultes français Curtius et Marianus Socinus. Là, sortant à peine de l'adolescence, il exposa cent propositions à discuter et, après les avoir heureusement soutenues il reçut les insignes de docteur sous les auspices et la présidence de son vieux maître Philippe Décius, cette grande lumière du droit ; puis il revint à Toulouse couvert de gloire. Comme il donnait là de grandes espérances, il fut bientôt choisi, avec l'approbation des dieux et des hommes, parmi ceux qui enseignaient alors, et il professa le droit civil pendant quelques années, aussi applaudi de ses auditeurs qu'un maître l'ait jamais été. Quand il devait parler, l'affluence était si grande que de mémoire d'homme on n'en a jamais vu de pareille en aucun lieu. J'en ai moi-même été témoin avec une foule innombrable d'autres personnes, car je l'ai vu et entendu bien souvent enseigner du haut de la chaire devant plus de deux mille auditeurs qu'il tenait sous le charme par la grâce, la facilité, l'abondance, la douceur de sa parole harmonieuse et puissante.

Aussi, lorsque, appelé à Valence, il quitta son auditoire, l'Ecole en fut longtemps dans le deuil, comme si elle avait perdu un fils de la jurisprudence, et Toulouse fut en proie à une douleur muette et à une véritable consternation. On lui offrit à Valence des avantages tels, qu'il n'aurait pu en obtenir ni en espérer de semblables nulle part dans la Gaule Cisalpine.

Dans cette académie, — qui depuis de longues années était tombée en décadence par la perte si regrettée des savants jurisconsultes Philippe Décius et Lancelot Galliaula — il jeta un tel éclat, qu'elle revit son ancienne splendeur par le seul mérite de Coras.

Bientôt sa renommée devint si grande, qu'il fut appelé à Avignon, à Béziers, à Pise, à Venise et à Ferrare, où on lui fit des offres magnifiques pour qu'il vint enseigner dans ces gymnases. Enfin, préférant servir Hercule d'Este, illustre prince ami de la France, il accepta ses offres et enseigna le droit à Ferrare, pendant quelques années, avec tant d'éclat et devant un si grand concours d'auditeurs accourus de toute part au bruit de sa renommée, qu'il plaça très-haut notre nation dans l'estime des Italiens. Il aurait conservé plus longtemps cette position éminente, si la mort prématurée de sa vertueuse femme Catherine Boyssoné ne l'eût rappelé à Toulouse, sa patrie d'adoption. Revenu d'Italie, il resta quelque temps auprès de sa famille en deuil, puis il fut obligé d'aller à la cour du roi de France, Henri, pour y traiter les affaires importantes qu'Hercule, duc de Ferrare, et son illustre frère, le cardinal Hippolyte, avaient confiées à ses soins diligents. Il profita, autant qu'il était en lui, de ses entretiens avec les principaux personnages, surtout avec les cardinaux de Lorraine et de Châtillon ; puis le roi Henri qui savait récompenser le mérite et les travaux utiles, lui fit l'honneur de le nommer membre de l'assemblée du Parlement, source de l'équité et de la justice, gardienne fidèle des lois. C'est là qu'il brille maintenant parmi les plus courageux défenseurs du bien et du juste.

J'ai voulu, lecteur bénévole, écrire ce résumé de la vie de Jean Coras tant pour payer un juste tribut à cet excellent ami et maître, auquel je dois la meilleure part de mon instruction, que pour montrer un utile exemple à mes contemporains et à la postérité. Et si j'ai si peu appuyé sur son mérite, son commerce agréable, sa vertu, son jugement si droit, sa profonde érudition et ses connaissances variées, c'est parce que je n'ai pas voulu être soupçonné de flatterie à son égard, puisqu'il vit encore, et parce que j'ai craint que l'amitié et la reconnaissance que j'ai pour lui ne fissent croire mes louanges exagérées.

A ce pompeux éloge, nous ajouterons :

Jean Coras naquit le 3 décembre 1515, d'une ancienne famille de Réalmont. (1) Il fut reçu *conseiller-clerc* au parlement de Toulouse le 4 février 1552, en remplacement de Béranger Juéry. Il embrassa avec enthousiasme les idées de la Réforme, fut nommé *chancelier de Navarre, intendant de la justice et finances de Messeigneurs les Princes*, en 1567, et suivit Jeanne d'Albret dans sa retraite à La Rochelle. Rentré à Toulouse après la paix, il y fut surpris par les massacres du 4 octobre 1572. On peut lire dans les *Mémoires de Gaches*, récemment publiés, les circonstances dans lesquelles il fut assassiné.

Après la mort de sa première femme — qui lui avait laissé une fille, Jeanne, — Coras épousa une jeune veuve, sa cousine, à laquelle la plupart des présentes lettres furent adressées. Jacqueline de Bussi (2) était constamment malade, malgré les soins des plus célèbres médecins du temps. C'est en allant la voir que le fameux Rondelet — qui lui-même avait eu la faiblesse d'épouser en secondes noces une toute jeune fille — tomba malade et mourut à Réalmont.

On trouve sur cette seconde femme de Coras des indications curieuses, mais qui ne lui sont pas très-favorables.

Dans un procès que lui intentèrent ses enfants, un des témoins, Thomas Coras, l'accusa d'avoir « rebroussé son chemin, qu'elle avoit pris en « Béarn, dès qu'elle connut l'emprisonnement « de son mari ; estant bien advertie que le plus « beau et précieux bien du dit Coras estoit en sa « dicte maison de Réalmont, où estant arrivée, « mande venir un serrurier auquel elle auroit « fait ouvrir l'estude du dit sieur (comme iceluy « le dict) dans laquelle il tenoit ses titres, docu- « ments, cédules, obligations et, comme est à « présumer, son trésor. Le témoin avoit entendu, « par la bouche du dict feu seigneur de Coras, « qu'il avoit fait son testament solemnel, que le « déposant croit estre dans l'estude. Ce testa- « ment avoit esté retenu par M[tre] Pierre Turrent, « notaire de Réalmont, duquel la dicte de Bussy, « — estant le tout à son commandement — se « seroit saisie, et de ce bon et plus précieux luy « auroit semblé, comme est à croire par son « soudain retour. D'autant que, le jour de son « arrivée, après avoir soudainement visité estude « et coffres, elle s'en seroit allé l'après-midi, « feignant avoir haste, et le déposant la vist s'en « allant en emportant une besace pleine de « papiers et autres choses..., etc. (1). »

Quoi qu'il en soit de ces accusations, Jacquette de Bussi rejoignit Coras dans les prisons de Toulouse, où elle resta quelques jours enfermée après le meurtre de son mari, auquel elle ne survécut pas longtemps. Elle était déjà morte en janvier 1574, laissant un fils, nommé Jacques (2), prévôt de Réalmont en 1580, grand-père de l'auteur du *Jonas* et autres pièces connues seulement par la satire de Boileau.

Ce poète malheureux nous a laissé, lui aussi, une vie de Coras (3), une simple paraphrase de

(1) Nous ne savons où M. Imbert de Saint-Paul a puisé ses informations ; mais, d'après lui, l'aïeul de Jean Coras était l'un des chefs de l'armée de Charles VII devant Orléans ; le frère de ce capitaine était vicaire général de l'ordre de Saint-Lazare, et l'un des oncles de notre jurisconsulte, nommé Jean-Jacques, avait été ambassadeur du duc de Ferrare. (Arch. de H.-Garonne, notes de M. de Saint-Paul, annexées aux manuscrits Coras.)

(2) Ou Buxi. Nous adoptons l'orthographe de sa signature. Elle avait un frère, *Laurens Buxi*, écuyer, et une sœur, au moins, nommée Astruge, qui interviennent dans le procès dont nous allons parler.

(1) Archives de la famille de Lacger.

(2) Nous rectifions ici ce que nous avons pu dire autre part sur les enfants de Coras.

(3) Elle a pour titre : *Joannis Corasii, jurisconsulti celeberrimi et Senatoris Tolosatis integerrimi, ner non Cancellarii Navarræi præstantissimi, vita, ex variis authoribus compendiose collecta.*

Montalbani, apud Samuelem Dubois, typographum regis

la biographie donnée par Usilis, où il signe : *Jacobus Corasius, Joannis pronepos*. On n'y trouve aucun renseignement sur les relations de son arrière grand-père avec la reine de Navarre.

Ce dernier Coras, après avoir été pasteur, s'était converti au catholicisme, comme l'on sait. En considération de son abjuration et des ouvrages qu'il avait publiés contre le calvinisme, il avait obtenu une pension qui était encore servie à la famille Imbert en 1790.

Sa femme, Jeanne de Maleville, ne lui donna que des filles : Jeanne, mariée le 24 juin 1681 avec Pierre de Filières, et Marie, qui épousa, le 4 octobre 1679, Joseph Imbert, avocat à la cour des aides et finances de Montauban (1).

De cette dernière descend Mme Lunel, à laquelle on doit la conservation de la correspondance suivante qui éclaire vivement les dernières années de la vie de Coras sur lesquelles on n'avait rien.

ordin. et illustr. Episcopi, et civit. Sub signo nominis Jesu. 1673, *in-4°*,

Nous devons à M. Forestié, imprimeur à Montauban, la communication d'un exemplaire de cette plaquette rare.

(1) Ces détails m'ont été communiqués par M. le professeur Michel Nicolas.

Ch. PRADEL.

PREMIÈRE SÉRIE

LETTRES DE CORAS,

CELLES DE SA FEMME & DE SON FILS

A Madamoyselle de Coras, chez le sire Pierre Maigret, à Montpelier.

Arles, 20 octobre 1566,

Par la lettre que le Roy m'escript de Gaillon (1), du XXVIIe du passé, que je vous envoie, et la commission que Sa Majesté et la cour m'ont adressée pour procéder à l'installation de Monsieur le sénéchal de Beaucaire, à Nismes, facilement cognoistrez que je seray quelque temps davantage en ce pays que je ne pensois et ne vous avois mandé ; dont, pour satisfaire en partie à vos intentions, ay avisé vous donner ce contentement (j'entends si les médecins le trouvent bon et vostre santé le permet), de venir jusques à Nismes où j'espère me rendre samedy de bonne heure pour vous récréer et voir une des plus belles et honorables assemblées de France, là où se doibt trouver Madame la Sénéchale, une des premières et plus chrestiennes femmes de l'Europe (1), qui ha esté autrefois atteinte de vostre mal et m'ha promis dire quelque chose qui servira à vostre guérison.

De Montpelier à Nismes le chemin est beau et plain, comme de Tolose à Bauzelle (2), et si n'y a que huict petites lieues sans qu'il convienne passer bateau ne rivière, et l'aer de Nismes est bon, ce qui me faict trouver vostre voyage moins dangereux que venir de Montpelier droict icy ; car il y a XI ou XII grandes lieues de maulvais chemin, fault passer deux fois le Rosne, ores enflé et demesurément desbordé, et l'aer de ceste ville fort maulvais, mesmes pour ceulx qui ne l'ont fréquenté et sont débiles de nature ou par accident, comme vous estes.

Je ne vous envoie Albaret, parce qu'il m'est nécessaire icy ; mais Portalier, qui n'ha moindre

(1) Gaillon (Eure), possédait un splendide château, ancienne résidence d'Antoine de Bourbon, puis palais d'été des archevêques de Rouen.

(1) Jeanne de Quiqueran de Beaujeu avait épousé Honoré Des Martins, dit le capitaine Grille, qui venait d'être nommé sénéchal de Beaucaire et Nîmes. Le parlement et les capitouls de Toulouse s'opposèrent longtemps, mais en vain, à son installation : elle eut lieu le 4 novembre et Coras y présida, ce que l'on ignorait jusqu'ici. (Voir à ce sujet les Archives de la ville de Toulouse ; *Délibérations* 1566. Voir aussi l'*Histoire de Nîmes*, par Ménard).

(2) A 12 kilom. N. de Toulouse.

volonté à vous estre officieux et faire service, ha prins la charge de vous aller quérir et amener mon grison sur lequel aymez d'aller en croupe, au lieu duquel je verray d'en emprunter un aultre. Il y a des Messieurs de Nismes qui m'ont promis de bailler deux aultres chevaulx, voire mesme quelqu'un d'eux aller devers vous ou un gentilhomme du d. S. Sénéchal qui en ha esté prié. Mais je leur mande qu'il n'est nécessaire et qu'il souffira qu'il y ait un homme pour conduire les chevaulx qui revienne à pied pour se tenir près de vous. Mais avisez, m'Amie, de faire bien traiter et le nostre et les leurs chevaulx, et que les hommes ny les bestes ne despendent pas un tournois (1) en tout le voyage. Je vous envoie aussi la response à la lettre du sire Pierre Maigret qui m'ha bien donné de la peine; car il ha fallu mander en deux ou trois lieux hors la ville, ce qu'ha cousté un peu d'argent; mais je ne vous escrips quoy, car je ne veulx luy en demander rien.

De vostre demeure pour cest hiver à Montpelier ou vostre retour à Tolose, nous en ferons la réduction à Nismes, Dieu aydant, lequel je supplie vous donner mille ans d'heureuse vie.

D'Arles, ce mercredi matin xxxe d'octobre.

Vostre plus qu'à soy-mesme,

JEAN DE CORAS.

Rapportez ou renvoyez la lettre du Roy, car la me fault mander à Tolose pour mes excuses, si je ne puis partir à temps.

A Madamoyselle de Coras, chez le sire Pierre Maigret, à la rue de la Loge, à Montpelier.

Nîmes, 5 novembre 1566.

Encore que je ne vous seusse exprimer au vray l'envie que j'ay continuellement de vous voir, toutes fois ayant entendu les occasions de vostre demeure, j'ay esté aussi aise de ce que n'estes venue que marry d'entendre vostre mal empirer. Pour chasser lequel, je m'informe à touts ceulx et celles à qui je parle des remèdes, et, en ayant recouvert quelques ungs, que je vous envoie, je les ay communiqués aux personnes qui les entendent et ont veu expérimenter, mesmes à une damoyselle d'Avignon, qui non seulement guérist, mais fist avant l'année un bel enfant. Toutes fois, n'entreprenez rien sans *en assavanter* les médecins, et dictes, comme il est véritable, que ce sont des Damoyselles de Nismes qui d'elles mesmes ont recherché ceste vieille recepte pour l'avoir vue expérimenter et après la vous ont envoyée.

A la vérité, toutes les femmes, en ceste ville, ayant entendu que vous debviez venir, se travailloient à chercher touts moyens pour vous recepvoir courtoisement, et avez esté cause que j'ay eu à mon logis plus de cent Damoyselles qui me venoient voir plus pour vous trouver que pour ma contemplation.

Au reste, Monsieur le Sénéchal ha esté le plus favorablement et honorablement receu que personnage de son estat aye esté onques en France. Si fussiez venue, il estoit arresté de vous emmener, en despit de moy, aux Baulx (qu'est sa principale et fort belle et riche maison) et de là en Arles. Madame sa femme estoit plus venue en ceste ville à ces fins que pour aultre occasion. Mais puisque Dieu me l'ha permis, fault patienter et prier qu'il vous donne en toute santé très-heureuse et longue vie. De Nismes ce v[e], bien matin et housé pour m'en retourner à Arles. Je dis ce v[e] de novembre.

Vostre entièrement bon mary et amy,

JEAN DE CORAS.

---

(1) C'est-à-dire un denier de Tours, la monnaie la plus commune.

A Madamoyselle de Coras, à Montpelier. — I.

Toulouse, 6 janvier 1567.

Je ne faisois que me déhousser, venant de Réalmont, quand monsieur de Poussan m'est venu trouver pour me voir et m'advertir de son partement qui sera demain, par lequel n'ay voulu faillir vous escrire ce petit mot et vous asseurer que vostre frère ha faict merveilles à ce voyage et ne restera qu'en luy que l'affaire que savez ne se parachève. Toutefois n'ay-je voulu qu'à ce coup feust conclud, pour les occasions qu'il vous dira; avec lequel aussi et vos médecins résouldrez du temps que pourrez, vostre santé saulfve, reprendre l'aer de ce pays, afin que j'ay la visée commode pour vous envoyer Albarel et les montures, ou bien moy-mesme, si je ne puys d'ailleurs derechef m'en aller part de là, pour vous reconduire, ce que je vous supply me faire savoir au plus tost, car je languis desmesurément sans vous; et vous sentant si escartée, je ne puis estre content, mesme despuis avoir entendu que la peste s'eschauffe fort à Nismes et encore à quelques villages plus près de Montpelier. Ce qu'estant ainsi, je vous prie, au nom de Dieu et de tant que vous m'aymez, de vous retirer de bonne heure et si ne pouviez jusqu'ici, à cause de vostre indisposition et de l'injure du temps, à tout le moins discostez-vous du danger le plus que pourrez, ne soit que jusques à Béziers, car je suis et ay pieça entendu combien la ville où vous estes présentement est périlleusement subjette à telle contagion. Cependant, ne vous souciez que de faire grande chière et vivre joyeusement, car il n'y a rien qui abatte plus le venin de cette maladie que réjouissance et de se tenir net, ce que je vous recommande, sachant que cela vous ha esté tousjours propre. Laissez-moy aussi la sollicitude de vostre mesnagerie pour laquelle, tant icy qu'à Réalmont, je tiendray si bien l'œil que n'aurez occasion vous en plaindre. Touchant le coffre que laissastes ouvert, c'estoit celuy qui est joignant la couchette de la chambre. Du mariage de la Françoise, je n'ay eu loisir luy communiquer encore, tant pour la multitude du peuple qui m'est veuu veoir à mon retour que par ce, aussi, que vostre dernière lettre du 17e du passé, cotée F. ne m'ha esté rendue que bien tard. Mais ne fauldray, demain matin, faire reboullir le propos que ja luy mesme m'avoit entamé; en défault duquel je vous en ay ouvert ung aultre par ma lettre H. de Réalmont. Je ne sais si le party vous rira.

Chevrette n'est pas amy seulement de Thomas, mais du prévost et du Falgas (1) et me vint hier conduire jusqu'à Graulhet avec quinze ou vingt aultres. Il nous ayda à faire les consuls esgals, c'est-à-dire, deux d'une et deux d'aultre religion. — Des nouvelles de vostre mère, vous pouvez penser que si elle n'estoit pas bien, vostre frère n'entreprendroit pas vous aller veoir. — La métairie de Grenade est vendue sept mille livres et l'argent receu, ce que vous n'espériez pas. Je voulois vendre ou boire la dernière barrique de vin vieulx, mais donna Antonia (2) n'y veult consentir disant qu'il la fault garder pour vous et que n'en vouldriez boire de nouveau à vostre retour, ny ne vous seroit profittable. Je me suis enfin laissé vaincre à ses remonstrances, attendant vostre vouloir plus clairement expliqué, priant le Seigneur, ma bonne cousine, vous fortifier en ses graces, saluant de tout mon cœur les vostres et Messieurs Usillis et Payen, sans oublier mes damoyselles leurs femmes.

De Tolose, ce jour qu'on dict des Roys, 1567.

Vostre cordial mary et amy,
JEAN DE CORAS.

(1) François Laurens, prévôt, et Jean Falgas, procureur du roi à Réalmont, figurent dans les listes de condamnés par le parlement de Toulouse en 1562 (28 juillet), publiées dans la *France protestante*, 2me édition, II, 64.

(2) *Donna Antonia* pourrait être « Antoine Thomas, veuve « de feu Sabine, apothicaire, à présent femme d'un nommé « Crosine ». (Archives de la ville de Toulouse; Rôle des suspects, 19 novembre 1569, publié par M. Roschach).

A Madamoyselle de Coras, à Montpelier. — O.

Toulouse, 7 février 1567.

On vous ha déceue, et à moy aussi, m'Amie ne m'ayant rendu vos lettres cottées J, esquelles toutes fois je pensois lire quelque chose plus de ce que j'ay appris par les suivantes K, L, M, qui m'ont replongé en la vieille amertume de vostre maladie de laquelle je cuidois certainement feussiez desjà toute exempte, m'asseurant en vos lettres premières et au bon rapport que nos bons amis m'en faisoient de bouche et par escrit. Sur quoy j'ay à vous prier que si vous voyez l'aer de ce pays-là ny la saison ne vous estre favorables pour vostre santé, que vous déliberiez rebrousser chemin au plus tost et vous en revenir, et, à ces fins, me mander par le premier ce qu'en avez résolu; car me semble la maladie vostre n'avoir plus grand ennemy que ma présence, et que, me sentant près de vous, elle deslogera vistement. Je vous priois de mesmes aussi, par les lettres que baillay à vostre frère, de me mander le jour que pourrez partir pour vostre retour afin qu'à poinct nommé je me puisse rendre à Montpelier pour vous reconduire. Au surplus, j'envoye quelques lettres à Messieurs les Présidents et Conseillers des généraulx pour les Consuls de Réalmont, lesquelles fairez tenir à Jean Franc, qu'on m'ha dict estre part de là pour le faict de ce procès. Vous mesmes en pourrez parler à quelques uns si, vostre santé saulve, le pouvez commodément faire. Monsieur Usillis aussi, à qui j'en escrips, ne s'y espargnera comme j'espère.

Ce pendant, je supplieray le Sauveur du monde vous donner, ma bonne cousine, cent et cent ans d'heureuse vie, m'entretenant en vos bonnes grâces.

De Tolose, ce 7e février 1567.

Vostre fidèlement bon mary,

Jean de Coras.

A Madamoyselle de Coras à Montpelier.

Toulouse, 2 et 6 mars 1567.

Surmonté de cent mille prières et aultant de remonstrances dont nostre compagnie m'ha combattu, j'ay esté contrainct promettre de lire quelques leçons jusqu'à Pasques, que me gardera de partir si tost que je désirerois pour vous aller trouver. Toutes fois d'ailleur, j'espère par ce moyen recouvrer congé pour plus de temps que je n'eusse pour vous reconduire, car ayant déféré aux prières que la cour m'ha si affectionnément présentées et, pour luy obéir, rejeté en arrière mes privées commodités, elle ne sauroit faire de moins que libéralement m'accorder quelques jours davantage pour vous accompagner. Ce pendant j'ay esté très-aise d'entendre par les lettres de Messieurs le président Du Pons et Usillis que vostre santé est de beaucoup emendée; mais bien marry de ne les voir accompagnées de quelqu'une des vostres qui m'eust, sans comparaison, plus encore resjoui, mesmes si je l'eusse peu contempler toute paincte de vostre main. Mais j'attribue la faulte aux pourteurs, car de la rejeter sur vous je ne puis, persuadé de vostre bonne volonté en laquelle vous continuerez, s'il vous plaist, m'entretenant en vos bonnes grâces qu'affectionnement je salue de Tolose ce second de mars.

Vostre, en éternité, bon mary et amy,

Jean de Coras.

J'ay receu vos lettres R, S. mais du Réchault nulles nouvelles. Jean Franc s'excuse que les muletiers qui debvoient charrier les hardes de Monsieur de la Source (1) en avoient la charge Mandez-moi si pourrez partir incontinent après Pasques, comme m'asseurez par vos lettres. Quand je seray là, je me sentiroy heureux de trouver de l'eau de M. Freynes pour mes yeux.

(1) La Source était un des pasteurs de Nîmes en 1566 (Ménard).

Jusques à ce jour d'huy 6e de ce mois depuis lequel temps n'est rien survenu de nouveau sinon que nos prescheurs ne sont pas moins fols et téméraires ceste année que les précédentes et nos capitouls aussi brolhent les affaires avec aussi grande indiscrétion que leurs devanciers.

A Madamoyselle de Coras, à Montpelier. — X.

Toulouse, 15 mars 1567.

Vous n'avez peu recevoir encore ma lettre T, d'aultant que Monsieur de Marguerites, conseiller de Nismes, à qui je l'avois baillée, est encore icy, despuis laquelle n'est rien survenu de nouveau digne de vous, hors mis le malheureux et périlleux danger auquel nous feusmes, trois jours y a, à cause de la maligne et exécrable imposture dont quelques ennemis de paix avoient usé pour irriter sanguinairement le peuple contre ceulx de la religion, ayant supposé je ne sais quels bélitres qui sur la mi nuict jectèrent plusieurs pierres, et la plus part bien grosses, contre les murailles, fenestres et par dessus le toict de la maison commune, comme s'on la vouloit forcer. De manière que peu s'en fallust qu'on ne prinst les armes, mesmes après avoir entendu les langages des capitouls qui estoient touts feu ; mais la providence de la cour mist de l'eau à leur vin, et, Dieu grâces, toutes choses sont à présent en bonne paix. Dans huict ou neuf jours je m'attendois partir pour vous reconduire après Pasques ; mais, après avoir leu vos lettres T, U, X, par lesquelles je cognois estre nécessaire différer vostre retour jusqu'au mois de may, je fus fort incertain, craignant que ma présence vous porte plus de dommage que de prouffict quand elle sera deux ou trois jours après retirée, lors qu'il m'en conviendra retourner, comme quand j'arrivay d'Arles à Montpelier ; joinct que le chemin entre cy et là est assez long, et d'ailleurs j'ay une telle ardeur et envie de vous revoir, que je ne sçay comme je pourray si longtemps attendre, et suys après à m'en conseiller avecque Dieu. — Vous direz à Monsieur Feynes (après l'avoir humblement salué de ma part) que j'ay voulu sentir quelque odeur de l'affaire avec le seigneur qu'il me nommoit en sa lettre ; mais il m'a et asseuré et juré qu'il ne sçait que c'est, et crois, certes, qu'il n'en sçait rien, ou parce qu'il n'a faict que signer les lettres, ce que nous faisons le plus souvent, sans aviser à la qualité et nom des personnes, ou bien que l'incident n'est encore instruit par devant luy. Quoy que soit, je ne chomeray à toutes occasions de sonder la vérité de la chose, et selon ce que je verray y remédier ce que je feroy plus facilement si je sçavois le nom du procureur du de sr Feynes qui n'a besoin, pour le présent, d'aultre conseil sinon d'attendre pied coy ce que son adversaire brassera, et s'il luy faict rien intimer nous en advertir par le premier, ensemble du nom de son procureur, et que hardiment, après, il ne s'en soucye, car je serai pas moins curieux à le favoriser de toutes mes forces en ceste affaire et toutes autres qui luy appartiendront qu'il se rend secourable et officieux en vostre endroict. De quoy je vous prie me pleiger envers luy et me garder en vos bonnes graces lesquelles je salue de toutes mes affections.

De Tolose ce 15me mars 1567.

Vostre bon mary et asseuré amy,

Jean de Coras.

A Madamoyselle de Coras, à Montpelier. — AA.

Réalmont, 2 avril 1567.

Au calcul que je puis faire, m'Amie, tant par vos lettres que celles de Monsieur Usillis, vous ne pourrez bonnement desloger de Montpelier pour vous acheminer à Anduse que ne soit sur le commencement du mois de may... Je reçois touts les contentements du monde d'entendre les courtoisies et caresses dont on use de toutes parts en vostre endroict, de la bonne compagnie que messieurs et dames de Montpelier vous tiennent, des présents dont Messieurs de Saint-Andeol et Beauvoisin vous ont ornée du costé de Provence, m'attendant que par là sera soulagée l'altération que pourriez avoir de mon absence, oultre l'asseurance que je prends d'expérimenter les bons et fidèles amis entre lesquels je vois bien qu'il convient colloquer Monsieur le président d'Anduse, lequel je resalue et remercie cent et cent mille fois de son offre que vous et moy avons accepté et exécuterons cas advenant (lequel toutefoys je n'espère ny ne crains). A ces fins, sera bon que me mandiez le chemin qu'il fauldroit tenir, passant par les montaignes (car le grand chemin seroit fermé) et combien il est discost de Montpelier et en quel endroict. — Nos capitouls, à ce qu'on m'escript continuent à broulher le verjus, et, sans la providence de nostre compagnie, auroient pieça mis tout en désordre, et ne fault en eulx qu'on ne fasse portes si estroictes, comme vous faictes part de là. Auquel cas, s'ils l'obtenoient, je n'y ferois long séjour, car ce seroit un attrapoir de moi et de mes semblables, et m'en irois, devant le temps, vous trouver peult estre à Anduse si je savois le chemin du costé des montaignes, pour le moins de Clermont jusques la. Si vous entendiez quelque chose qui peult asseurer ou présaiger quelque remuement, soubdain ne fauldroit espargner un diligent et fidèle messagier pour nous advertir promptement du tout, attendu l'importance, et si desja aviez rien seu touchant ce faict, m'en advertir par le seigneur du pasteur, présent porteur, qu'il ne fauldra, à mon advis, m'envoyer ou, si besoing est, luy mesmes m'apporter vos lettres. Ce pendant, dès que je serai à Tolose, j'euseray, moyennant l'aide de Dieu, de l'eau qu'il vous ha pleu me mander, en la forme qu'escripvrez, bien que deussiez, comme me semble, plus avant estendre la plume et mander s'il la falloit mettre dans l'œil à toutes heures, le soir, le matin, en quelle quantité, si chaude ou froide, devant ou après repas, et aultres choses desquelles un esprit grossier et peu exercité à la médecine, comme le mien, ha besoing estre adverty. — Je ne vous ay encore rien escript de l'affaire que tant desirez voir accomplie parce qu'il n'y a rien de faict, non à faulte de volonté du costé des Damoyselles qui bruslent encore plus que vous de voir le tout effectué plustost huy que demain, mais pour quelque difficulté qu'ores nous y faisons pour l'incertitude de l'événement de leur procès remis en nouveau labirynthe, comme j'espère vous déclairer mieulx de bouche. Je désirerois au surplus entendre de vous qu'est ce que je pourrois recouvrer part deça qui ne feust commun à Montpelier pour présenter à vos médecins en recognoissance des bons et continuels offices qu'ils vous ont rendu et vous rendent journellement, lesquels j'ay si acceptables que, quand ils m'auroient remis de mort à vie, ne me le sauroient estre davantage. J'avois pensé de quelques estuis de couteaux et sciseaux garnis le plus proprement que je pourrois trouver pour eulx et leurs femmes; mais peult estre que ce sont choses qui se treuvent aussi par de là. Avisez de vostre costé ce qu'on leur pourroit apporter et presenter. La fin de ma lettre sera de vous prier croire que jour et nuicts, à toutes heures et moments je vous songe, je vous attends, je vous désire et vous ayme tellement que sans vous je n'ay subsistence aulcune. Pensez donc, ma bonne et fidèle amye, à vostre santé, à l'acquérir, icelle acquise, à la conserver ne soit que pour amour mienne qui ne dépens en ce monde, après Dieu, d'aultre que de vous. De ma part, je ne cesseray oncques prier le Sauveur du monde de vous donner ce qui vous est nécessaire, me conservant en vos bonnes grâces, lesquelles uniquement et très-affectionnement je salue,

De Réalmont, une de vos maisons où vous estes universellement désirée de touts, ce second d'abvril 1567.

Vostre fidèle mary et parfaict amy.

JEAN DE CORAS.

Les consuls de Réalmont, pour lesquels j'escrips à Messieurs d'Anduse et de La Coste, implorent vostre ayde envers touts ceulx qu'il appartiendra.

A madamoyselle de Coras, chez le sire Pierre Maigret, à Montpelier. — *b.b.*

Réalmont, 4 avril 1567.

Vous ayant escript bien au long par le Seigneur du pasteur despuis deux jours, je n'ay maintenant qu'à vous reprier de prendre tout soing et sollicitude au recouvrement de vostre santé. Car comme je n'ay ores, Dieu grâces, ennuy quelconque troublant mon esprit que le danger de vostre maladie, aussi n'y a rien qui le puisse remettre en planière joye et plaisir que d'estre asseuré de vostre convalescence. Certes, m'Amie, j'ay faict tousjours preuve des forces de mon amour en vostre endroict; mais la plus grande ha esté à ce coup quand le périlleux nombre de vos infirmités et accidents qui y survenoient se présentoient si souvent qu'ils m'ont cuidé souventes fois accabler et désirer ma fin plus tost que la vostre, ce qui vous doibt de tant plus espoinçonner à croire messieurs vos médecins et n'obmettre rien qui appartienne à vostre guérison; car, si je puis avoir une fois ce contentement de vous voir reconvalue et grosse d'un petit garçon qui, se monstrant après au monde, vous rapporte et représente les traicts, les beaux linéaments et, plus encore, les grâces dont le seigneur vous ha plantureusement ornée, il me semble que je mourray très-content vous laissant en ce monde. Taschez donc de guérir, si vous m'aymez, comme certes uniquement et extrêmement je vous aime, et faictes qu'à toutes heures, si possible est, j'aye de vos nouvelles et s'il fault que je devance ou retarde le voyage pour vous aller trouver, car je pends et toutes mes intentions et desseings dépendent de vous, qui m'estes tout en ce monde. Priant Dieu, ma cousine m'Amie, vous donner plus de bien, de contentement et de vie qu'à moy-mesme.

De Réalmont, ce vendredy matin, quatriesme d'Abvril 1567.

Vostre plus qu'à soy,

JEAN DE CORAS.

A Mademoyselle de Coras, chez le sire Pierre Maigret, à Montpellier. — DD.

Toulouse, 10 avril 1567.

En soupant chez Monsieur Ferrières, le fils de Monsieur de Moncuq arriva qui me rendit vos lettres GG., et par ainsi fort à propos pour tesmoigner, par la lecture d'icelles, le soing et la souvenance qu'aviez dud. seigneur Ferrières en laquelle je vous pry persévérer, comme je fais aussy à me souvenir des affaires de Messieurs Saporta, Feynes et Joubert, tant pour l'excellence de leurs vertus que j'aime et révère, que pour recognoistre partie des obligations dont ils m'ont attaché et attachent journellement en vous rendant tant et tant de bons et recommandables offices que je ne pourroy oublier, sans me noter d'ingratitude inexprimable, ce que leur feray entendre en saluant de ma part humblement leurs bonnes grâces; les asseurez aussi que desja Monsieur Robert, leur advocat, Ysarn, leur procureur (à qui j'ay bien lavé la teste pour les raisons qu'ils savent) et moy avons commencé esbaucher la matière. — Des nouvelles du juge, mon beau-fils, je ne vous puis dire, si n'est que j'en suys en extrême peine, pour n'avoir su rien de son estat depuis quinze jours après qu'il feut arrivé en cour, où il s'estoit acheminé après Noël pour ceulx de Castres, de manière que nous entrons par deça en quelque crainte qu'inconvénient de mort ou maladie ne luy soyt survenu. Par là, pouvez penser en quelle peine est sa femme, qui radouble la mienne, et n'ay consolation en cest endroict ny aultre que quand j'entend vostre bon portement et attends vostre prochaine guérison et entière convalescence, tant par l'espérance que m'en donnent vos lettres, que l'asseurance de vos bons et doctes médecins. — Jacques estudie fort, mais son entendement, comme celuy de son père, est si grossier qu'il avance bien peu, qu'est tout ce, m'Amie, qu'ores je vous puis escripre à si grand haste qu'on me vient tirer de mon estude pour entrer au palais, l'heure estant desjà tarde. J'adjousteray ce mot seulement que si vous ne m'aymiez en parfection vous me feriez grand tort, car jamais femme présente ny absente ne feut tant chérie ne aimée de mary que vous estes et serez, Dieu aydant, qui nous despartant ses grâces très-sainctes me conservera, s'il luy plaist, aux vostres.

De Tolose, ce jeudi, 10me Abvril 1567.

Vostre asseuré amy et fidèle mary,

Jean de Coras.

Recommandations à touts nos bons amys..

A Madamoyselle de Coras, à Montpelier. — EE.

Toulouse, avril 1567.

Je trouve, m'Amie, que le calcul faict par Monsieur Usillis de vostre advis est le plus asseuré, qu'il vous convient demeurer à Anduze (puisque l'aer de ce lieu vous est si salubre) douze ou quinze jours et ne pouvez partir pour y aller jusqu'à la fin de ce mois ou commencement de l'aultre, dont, pour n'interrompre le fil de vostre santé, n'est besoing que vous rendiez à Montpelier jusqu'au XIIIe ou XVe de may qui sera trois ou quatre jours avant la Pentecoste, auquel temps aussi je m'y rendray, Dieu aydant, pour me ressentir au plustost de ce trois ou quatre fois grand heur et plaisir que j'espère recepvoir, vous voyant saine; néantmoins participez à la Saincte Cène aud. Montpelier, veu que votre indisposition ne permect que vous repreniez, plustost qu'après la Pentecoste, le chemin de Réalmont, vous remerciant ce pendant des jarretières que je trouve excellentement belles, ne soit que pour avoir esté faictes de vos mains. Et puisque la maistresse est tant à mon commandement, une ceinture ne me sera pas moins agréable pourveu que la santé de l'ouvrière ne soit par là offensée. Le mémorial du chemin que vous m'avez mandé me plaist fort aussi, non que je pense en avoir affaire, car nous n'avons eu pieça asseurance de si grande pacification que maintenant, comme j'ay discouru au Sire Jean de l'Isle. Toutesfois le mettrai-je à mon cabinet pour m'en servir en temps et lieu. N'en soyez, je vous en prie, plus en peine, car le desastre advenant, toutes choses postposées, Dieu me fera la grâce, comme en luy uniquement j'espère, me rendre incontinent près de vous. Ne vous faschez aussi des graines noix et semences que me mandastes, car j'ay tout receu comme vous ay deux ou trois fois escript, qui me faict soubçonner n'ayez receu les lettres, ce que me debvriez mander; car, aux marques d'icelles pouvez bien cognoistre celles qui vous manquent, et je retiens tousjours le nom de ceulx à qui je les baille. J'useray de l'eau comme ordonnez et ay desjà commencé deux jours y a. L'affaire des damoyselles réussira comme nous voudrons. Je ne sais sy Monsieur de Fenayrols vous ha rendu les lettres que je vous manday estant encore à Réalmont. Monsieur vostre oncle partira dans cinq ou six jours pour aller en cour. Je trouve bon d'attendre faire et délibérer les présents de Messieurs vos médecins jusqu'à tant que soyons ensemble, ce que sera le XIIIe ou XVe du mois prochain, comme ay dict dessus, le seigneur Dieu favorisant nos desseings, lequel je supplie vous donner, ma chère et fidèle amie, la santé que touts vos bons amis vous desirent, accom-

FAC SIMILE D'UNE DES LETTRES DE JEAN DE CORAS.

Vous ayant escript bien au long par le seigneur du Pasteur despuis deux iours
ie n'ay maintenant qu'à vous reprier de prendre tout soing et follicitude au
recouurement de vostre santé car come ie n'ay ores Dieu graces ennuy quelconque
troublant mon esprit que le danger de vostre maladie ansi n'y a rien qui le puisse
remetre en planiere sur ioye et plaisir que d'estre asseuré de vostre conualescence
Certes m'Amie i'ay faict tousiours preuue des forces de mon amour en vostre
endroyct mais la plusgrande ha esté à ce coup quand le perilleux nombre de
voz ~~...~~ infirmitez et accidentz qui y suruenoint se representoint si souuent
quilz m'ont cuydé souuentesfoys accabler et desirer ma fin plustost que
la vostre Ce que vous doybt de tant plus esperonner à croire messieurs vos
medecins et n'obmetre rien qu'apartienne à vostre guerison car si ie puis auoir
vnefoys ce contentement de vous veoir reconualue et grosse d'vn petit garçon
qui se monstrant apres au monde vous rapporte et represente les traictz les
beaulx lineamentz et plus encor les graces dont le seigneur vous ha planteu-
reusement ornée il me sembre que ie mourray vous laissant en ce monde
trescontent Tachez donc à guerir si vous m'aymez come certes vniquement
et extremement ie vous aime et faictes qu'à toutes heures si possible est i'aye
de vos nouuelles et s'il fault que ie deuance ou retarde le voyage pour vous
aller trouuer car ie pendz et toutes mes intentions et dessengz dependent
de vous qui m'estes tout en ce monde Priant Dieu ma cousine m'Amie vous
donner plus de bien de contentement et de vie qu'à moymesme de Realmo
ce vendredy matin quatriesme d'Avril 1567.

Vostre plus qu'à soy
Jean de Coras

Auto. Corbière Fils & Julien, Albi.

pagnée d'une vie de cent ans, plus heureuse et longue que la mienne.

De Tolose, ce....

(Sans date ni signature).

Ne cessons, je vous prie, m'Amie, louer jour et nuict nostre bon Dieu et le remercier d'avoir exaulcé nos prières en vous remettant, contre toute espérance des hommes, à l'heureuse santé dont vos lettres et ceux qui vous ont veu m'asseurent. Monsieur Ferrières vous escript. J'ay receu lettres de la cour et du juge, mon beau-fils (1), qui sera icy bien tost.

A Madamoyselle de Coras, a Montpelier. — FF.

Toulouse 19 avril 1567.

Vos lettres du XIme m'ont grandement confermé en l'espérance que les précédentes m'avoient donné, et de tant plus qu'elles sont accompagnées du riche tesmoignage de messieurs Saporta et Feynes sur vostre prochaine santé; les effects de laquelle il me tarde tant à voir que le XIIIe ou XVe de May, auquel temps je vous ay promis, moyennant l'ayde du Seigneur, me rendre à Montpelier pour vous reconduire, me semblent estre aultant de milliers d'années. Toutesfois, mon affection est si grande a devancer la journée, que desja et dès l'heure que j'eus receu vos lettres dernières, je commencay dresser la malle et y mestre votre coutilhon de taffetas passementé de blanc, suyvant ce qu'aviez mandé. Ce pendant, je vous prie, pensez en moy et resjouissez vous en moy, comme à touts moments je pense en vous et vous desire. Dictes aux d^{ts} s^{s} Saporta et Feynes qu'ils se peuvent asseurer de ma bonne volonté, non seulement au faict dont m'escripvent, mais en touts aultres qui leur appartiendront ou à ceulx qu'ils ayment, et que ne sera jour de ma vie que je ne me souvienne des bons offices qu'ils vous rendent. Par mesme moyen, fairez entendre au d. s. Saporta que le paquet qu'il envoyoit à l'homme pour lequel aussi il m'avoit au paravant escript luy ha este fidèlement rendu par moy, peu après que je receus vos lettres, et si pense que l'homme à qui je l'ay rendu ne fauldra me communiquer le contenu en iceluy, dont serais bien aise pour pouvoir par là monstrer aux d. s. Saporta et Feynes combien est ce que je veulx faire pour eulx. — De vostre garce (1), ne vous en tourmentez pas, car vous en aurez une toute preste à vostre arrivée, et ceste malheureuse ne se tiendra plus avec vous une heure, ou sera vostre grand tort. Mandez moi le jour que sortirez de la maison pour prendre l'aer de la ville, ensemble le jour que partirez pour vous acheminer à Anduze, sans oublier vostre portement au commencement, au milieu et à la fin, car je desire savoir tout par le menu, et si les succès de vostre disposition accroissent heureusement. Vous n'oublierez pas aussi me faire entendre où est ce qu'il fauldra dresser lettres pour les vous faire tenir à Anduze, et m'entretiendrez, je vous prie, en vos bonnes grâces, lesquelles je salue de toutes les forces de mon cueur, comme je fais bien aussi celles de messieurs Usillis, Payan et touts nos aultres bons amis.

De Tolose ce vendredy XIX abvril 1567.

Monsieur de la Guymarié se recommande, et, pour réparer les faultes de vostre malheureuse garce, il vous en ha trouvé une excellentement bien-eslevée et qui ha esté nourrie en

(1) Antoine de Lacger, juge d'appeaux de Castres, avait épousé Jeanne de Coras. Leur contrat de mariage est daté de Toulouse, *en la maison du sieur de Coras, conseiller du Roy*, le 19 juin 1561. Les témoins furent : Jean de Coras, docteur et avocat en la cour du parlement, aïeul de Jeanne; Jean de Coras, conseiller, son père; maître Antoine de Saint-Paul, maître des requêtes ordinaires de l'hôtel du roi; François de Ferrières, conseiller en parlement; messire Sébastien de Lacger, chanoine du chapitre de Burlats, etc...

(Archives de la famille de Lacger).

(1) Au XVIme siècle, ce mot n'était pas pris en mauvaise part. On l'employait simplement pour le féminin de garçon.

maison d'ung vicomte de ce pays, laquelle, si trouvez bon, il fera amener par son père à Réalmont pour estre là sur le poinct qu'arriverez et, de là, en mander la vostre.

Vostre, vostre, vostre et cent mille fois vostre

JEAN DE CORAS.

A Madamoyselle de Ccras, à Montpellier. — GG.

Toulouse, 22 avril 1567.

Despuis vous avoir escript, m'Amie, Monsieur de la Guimarié a tant travaillé qu'il a desja faict retirer la garce, dont vous avois escript, du lieu où elle estoit et remettre en la maison de sa mère, et sommes sur le poinct de la mander quelques jours avant Pentecoste à Réalmont pour illec vous attendre, si ainsi escripvez que faire se doibve, ce que fairez par le premier et manderez s'il sera meilleur de la faire ce pendant tenir chez Madamoyselle la prévoste, ou qu'elle se pourmène chez nous avec donna Salvia en vous attendant. Elle sçait bien ouvrer de l'aiguille, lire et honorablement servir, ainsi que le dict sieur de la Guimarié m'a asseuré, qui tasche réparer de son pouvoir la faulte de celle qui vous a esté par le moyen de sa belle-seur, à son grand regret, baillée. J'avois oublié vous dire qu'elle est très-affectionnée à la religion ; brief, il m'en a dict tant et tant de choses, que je suis contrainct la vous louer sans l'avoir veue, pour le grand et rische tesmoignage qu'il m'en ha si souvent donné. Vos murailles du jardin de Réalmont, ou pour mieux dire parois, sont faictes, lesquelles j'ay escript à Messire George que je ne verray que vous n'y soyez et en vostre compagnie ; car, craignant les mauvais logis du chemin des montaignes, j'ay délibéré de prendre le grand chemin de Carcassonne et Béziers. J'escrips à un advocat d'Aix, en Provence, pour affaire qu'importe : Donnez ordre de sçavoir avec quelcun de vos plus fidèles de Montpelier, par quel moyen on la pourroit faire tenir seurement et en bailler après la charge avec singulière recommandation à celuy qu'aviserez.

Comme j'achevoy la ligne précédente est arrivé Monsieur de Saint-Cristol, qui m'a offert sa litière pour vostre retour. Je dis sa litière d'une façon nouvelle, faicte en forme de lict de camp, qui s'ouvre et ferme à rideaux, accompagnée de deux les plus beaux et mieulx allants mulets de France, qui iront aultant à l'entrepas que mon mulet à la grand'amble. Ils sont en ce païs et la litière à deux lieues de Montpelier, et si la voulez veoir, il escript à son frère qu'il la vous envoye et, parce qu'il n'a pas là ses mulets, en pourrez emprunter ou louer deux pour l'aller quérir et après, s'il vous semble, la retenir si pensez que soyez là mieulx à vostre aise que sur le grison, lequel toutesfois je amèneray quant à moy. Il m'a bien asseuré que dans sa litière vous reposerez comme dans un lict. Ne faillez donc me mander vostre advis et vous en conseillez à Messieurs nos médecins et aultres vos amys, m'entretenant tousjours en vos bonnes graces, lesquelles très-affectionnement je salue et prie pour leur prospérité et feust-ce au péril de ma vie. De Tolose, ce 22me Abvril, jour dernier de vostre diète, 1567.

Vostre et uniquement vostre mary et amy,

JEAN DE CORAS.

A Madamoyselle de Coras, à Montpélier. — LL.

Toulouse, 2 mai 1567.

Par mes lettres du dernier du passé, peustes comprendre la désolation en laquelle j'estois avoir receu vos lettres accompaignées de quelque bruict de vostre extrémité, sans l'asseurance qui m'en feust donnée par M. de Marguerites, qui véritablement feust mon bon Ange, après m'avoir confirmé que vostre foiblesse peu à peu se laissoit couler et qu'il s'asseuroit dans peu de jours seriez gagliarde ; ce que je désire aultant que ma propre vie en laquelle je ne me saurois consoler sans vous ; et c'est la cause que si je suis contrainct de voyager à Paris pour l'affaire dont vous ay escript, nous le ferons, Dieu aydant, ensemble. Toutefois ay-je desja escript à Monseigneur le chancelier que, s'il estoit possible, je ne beusse point ce calice, car à la vérité telle commission me desplaist infiniement pour la grandeur des personnes qui y sont meslées. Le surplus consistera à saluer vos divinement bonnes grâces et supplier le Sauveur du monde vous despartir les siennes très sainctes.

De Tolose, ce second may 1567.

Vostre plus affectionné mary et certain amy.

Jean de Coras.

A Madamoyselle de Coras, à Réalmont.

Toulouse, 24 juin 1567.

..... Si nostre Seigneur ne nous veult donner aultant de bled à la Rigallié ou ailleurs, qu'es années passées, il l'en fault louer et recognoistre que, pour nos faultes, nous sommes dignes de plus grande stérilité. Icy, toutes denrées de bled, vin et aultres sont à beaucoup meilleur compte, Dieu grâces, que du commencement. L'homme de Provence duquel je vous envoyai une lettre avant mon dernier voyage m'ha escript une longue lettre contenant six ou sept grands feuillets où il me discourt amplement toutes choses, mesmement de vos maladies et prochaine santé. Certes vous prendrez un très-grand plaisir en la lisant; ce sera, s'il plaist à Dieu, au premier jour. Ce pendant je vous prie sur tout conseillez à vous mesme et n'espargez chose quelconque pour recouvrer entière guérison. Si Monsieur le cardinal Strozzy, commençant son voyage, passoit à Réalmont, ne faillez percer la meilleure pièce de vin de nostre cave pour luy en présenter demy douzaine de pots, ce que je pense eussiez faict encore que je ne le vous eusse escript. La fin de ma lettre sera que je sois conservé en vos bonnes graces, lesquelles de toutes mes affections je salue et prie le Sauveur du monde vous despartir plantureusement les siennes.

De Tolose, ce xxiiie juin, jour des danses de Réalmont.

Vostre fidèle mary et amy,

Jean de Coras.

A Madamoyselle de Coras, à Réalmont.

Toulouse, 28 juin 1567.

(Coras envoie à sa femme une *meschante* robe).... Suis fort desplaisant que nos mutuelles commodités ne permettent de nous entrevoir; mais ce sera, Dieu aydant, pour la Magdeleine, et à ces fins je travaille à corps et à cry de recouvrer un bon cheval quoy qu'il couste et incontinent le vous enverray, car je n'ay ici ny palefrenier, ny estable, à cause de la muraille que je bastis qui n'est encor à fleur de terre à l'occasion de quelque profond abisme (que je pense avoir esté un puits), lequel a esté rencontré en une partie du fondement, qui a arresté les maçons quelque jours. S'il faict tant de froid comme escripvez, ne couchez pas seule, pourveu que ce ne soit avec un moyne. Certes icy nous avons ores de nous plaindre plus de la chaleur que du froid, et si vous m'aymez et pensez si souvent à moy que je vous ayme et pense à toutes heures et moments en vous, il n'y a ni verglas, gelée, ne froidure que vostre pensement ne rabate.

Madamoyselle de Bagis, peu après son arrivée, fust céans pour vous veoir et, ne vous trouvant, me chargea vous saluer de sa part, comme je fais, et en oultre vous présente mes plus affectionnées recommandations et prie Dieu vous eslargir ses grâces très sainctes. De Tolose, ce samedy 28me juin 1567.

Vostre plus asseuré amy et fidèle mary,

Jean de Coras.

Mandez-moi si vous avez envie de chose quelconque, et fust-ce de mon sang, car vous la recouvrerez incontinent, s'il est en ma puissance, et m'aymez et vous tenez joyeuse.

A Madamoyselle de Coras, à Réalmont.

Toulouse, 1 juillet 1567.

Vos lettres, m'Amie, sont venues bien à poinct pour rabattre la rigueur et les menaces d'un estrange songe, que je fis part-hier, qu'en ma barbe vous estiez remariée à un aultre; et que, quand je vous remonstrois le tort que me faisiez, pour le payement me monstriez le doz; or vous sçavez qu'est-ce que l'un et l'autre signifie. Et si j'ay esté ennuyé de vostre mal, comme Fréjaville me le récita, ne vous en esbahyssez, car mon plaisir dépendant du vostre, je ne sçaurois estre bien, vous sentant fachée.... Je ne fauldray pourtant, si Dieu favorise tant mes desseings, de vous veoir ceste Magdeleine; il est vray que si je n'ay achepté chevaulx entre cy et là vous ferez en peine d'en emprunter deux de nos amys et les m'envoyer avec le mulet le jour que je vous consigneray sur le temps que sera nécessaire.

(Coras parle ensuite de volailles, de ses propriétés et finit par recommander à sa femme d'accepter les invitations de tous ceux qui lui en feront)... Je suys d'advis que vous faciez entendre à chascun que ne voulez desdaigner personne. Où, prieray Dieu vous fortifier en ses grâces, me recommandant uniquement aux vostres.

De Tolose, ce premier juillet 1567.

Vostre plus que.... (effacé).

Jean de Coras.

Craignant que Monsieur de La Source ne soit offensé de ce que je ne puis partir, luy direz que s'il ne peult attendre jusqu'à la Magdeleine et trouve bon que Monsieur le prévost présente au baptesme à mon nom, que vous avez charge prier le d. prévost en prendre la charge.

A Madamoyselle de Coras, à Montpellier (1).

Toulouse, 6 juillet 1567.

Peu s'en fault, m'Amie, que je ne sois courroussé contre vous d'entendre par uns et aultres qu'au lieu de vous ayder au recouvrement de vostre santé, faictes tout le contraire, vous chagrignant et fachant sans occasion, prenant à toute heure colères pour le bien de ce monde, duquel vous et moy n'en aurons que trop, et fault penser que nous défauldrons plustost au bien que le bien ne nous fauldra. Recognoissons, je vous supplie, ma cousine, les bénédictions que Dieu nous ha desparties, n'en abusons poinct comme vous faictes, vous molestant vous mesme pour un rien. Ne pensez pas que j'ay esté tellement marry d'entendre qu'à cause d'une meschante muraille avez cuidé recheoir en vos premiers excès; que j'ay despité non pas la muraille seulement, mais toute la maison que je vouldrois fust abismée et tout ce que j'ay à Réalmont et que vous feussiez saine. Certes, si jamais je suis malade et que vous m'exhortiez à quelque chose pour ma santé, je délibère ne vous croire, puisque vous faictes si peu de cas de mes remontrances. Donc, purgeant toutes faultes passées, je vous prie, au nom de Dieu, en user tout aultrement, chassant toutes occasions de vous ennuyer et embrassant touts moyens de récréation et plaisir. Ne vous souciez de la mesnagerie dont la perte ne peult estre que bien petite en mon endroict auprès de celle que je ferois vous perdant. De l'exposition de mon énigme, vous avez mal visé, comme je vous ay escript par Gabriel de Coras, fils de feu maistre Pierre : est que la colère de la muraille avoit passionné vostre esprit si avant qu'il vous avoit empesché de profonder à la vérité qui est que la Dame presse fort le personnage (2) par toutes honnestes prières, offres et conditions grandes

(1) Cette adresse est probablement une erreur provoquée par l'habitude. La femme de Coras devait être à Réalmont.

(2) La reine de Navarre et Coras, lui-même.

de le retirer près de soy pour luy faire tenir le premier lieu, tel que vous entendez; le reste n'ha besoing d'interprétation mais seulement de vostre conseil, car l'homme ne vouldroit, pour mourir, rien entreprendre que par votre advis. Je vous envoie deux livres de cazzonade et un quart d'anis non sucré. La garce, voire deux si tant en voulez, sont prestes. Je vous mande aussi des épingles, et si avez affection à quelque autre chose quelle qu'elle soit pourveu que par argent et diligence se puisse recouvrer, escripvez le moy, car soubdain vous l'enverray, et feust ce mon sang et ma vie, pourveu que, pour amour mienne, abandonniez la sollicitude de touts affaires domestiques et ne pensiez qu'à m'aymer et me resjouir. De quoy je prie Dieu vous faire la grâce, m'entretenant à perpétuité en la vostre, faisant que nostre unité soit une éternité.

De Tolose, ce vi[e] juillet 1567.

Vostre fidèle et bon mary,

Jean de Coras.

A Madamoyselle de Coras, à Réalmont.

Toulouse, 12 juillet 1567.

A ce coup, m'Amie, vous m'avez fait perdre l'envie de vous communiquer une aultre fois choses importantes pour le peu de compte qu'avez faict de me donner vostre avis au faict duquel je vous avois escript et sur lequel, attendant ce que m'en manderiez, j'avois arresté le gentilhomme quelques jours, ne voulant entreprendre chose si haulte sans la vous conseiller, où, pour rescompense, je n'ay eu que le mot du patenostre : *Ta volonté soit faicte.* — Certes, ma cousine, la gravité du négoce et l'affection dont je vous avois escript méritoit que vostre lettre s'estendit davantage, ce que je vous ay bien voulu familièrement escripre, non pour vous facher, mais comme par manière d'advertissement à ce qu'une autre fois, quand les personnes que vous debvez aymer ou respecter vous communiqueront affaires d'importance, mesme vous donnant tant de loisir d'y penser, comme j'avois faict, et demandant advis et conseil, ne vous en passez si légérement que de le remettre simplement à leur volonté ; car, oultre que telle response (qui toutesfois seroit bien séante après avoir donné un advis particulier), si cruement et généralement baillée, monstre qu'on n'estime ny la personne qui demande le conseil ny le propos demandé ; cela facilement persuade que les affections de ces personnes en cest endroict ny aultres ne sont réciproques ny conformes, ce que me desplairoit croire de vous qui prendrez, s'il vous plaist, ce que je vous escrips en bonne part, comme de celuy qui ne pourroit ny ne vouldroit, tant il vous aime, dissimuler chose quelconque qui vous appartinst, et si ne lairrez pas aussi à cette occasion de me bien aimer, comme je vous ay tousjours constamment aimé.... Avisez donner ordre promptement, si la nécessité vous presse, que la muraille de la maison du costé du temple soit raffermie ou réparée plus tost que tard, afin qu'inconvénient n'en advienne, et m'entretiendrez, s'il vous plaist, en vos bonnes grâces que je salue de plus grande affection que je me crains n'estre aimé de vous.

De Tolose, ce xiie juillet 1567.

Vostre bon mary et amy,

De Coras.

Recommandations à Messieurs de Boyssezon (1) et Prévost auxquels j'espère, à mon arrivée, réciter tant et tant de bonnes nouvelles que six mois après ils en demeureront consolés et joyeulx.

(1) Antoine Peyrusse, seigneur de Boissezon, gouverneur de Réalmont, puis de Castres.

A Madamoyselle, ma bonne cousine, Madamoyselle de Coras, à Réalmont.

Toulouse, 13 juillet 1567.

L'envie que j'avois de vous aller trouver samedy prochain ha redoublé despuis qu'une commission du Roy est arrivée, dressée à Messieurs Papus, Du Bourg, Cavaignes et moy, et à deux de nous en l'absence des aultres, pour faire et parfaire le procès criminel à un chevalier de l'ordre ; auquel jeu (qui ne me plaist aulcunement) on me veult faire entrer. Mais ceste partie ne me revient, parce que d'icy à six ou sept jours on veult commencer de mettre les commissaires en besoigne. Je me veulx absenter afin que, ne me trouvant, on soit constrainct se retirer aux aultres. Et parce que ceulx qui m'ont promis des chevaulx (qu'estoit la cause que ne vous demandois que le mulet) seroient bien aise d'empescher mon voyage pour m'attacher à ceste commission et, à ceste occasion, ne me bailler les chevaux qu'ils m'ont promis, sera bon m'asseurer du grison de Monsieur Teyssier; et, à ces fins, vous plaira, la présente vue, envoyer Tonneton au d. s. Teyssier le prier vous le mander jeudy matin et faire partir Du Boys et Tonneton l'après disnée ou vendredy, grand matin, pour se rendre icy le soir, car sy je devois partir seul ou tout à pied, je délibère desloger samedy sur la poincte du jour pour souper avec vous à cinq ou six heures au plus tard, si l'ardeur du temps ne nous contrainct retarder jusqu'aux sept.... Je supplie le seigneur vous donner en parfaicte santé le comble de ses grâces en m'entretenant perpétuellement aux vostres.

De Tolose, ce lundy XIIIe juillet 1567.

Vostre parfaictement bon mary et amy,

JEAN DE CORAS.

A Madamoysselle de Coras, à Réalmont.

Toulouse, 5 août 1567.

Je ne puis nier, m'Amie, que je ne sois extrêmement marry de vostre fascherie et que le voyage que j'entreprends par l'advis mesme de nostre compaignie (ce que je n'eusse jamais cuydé) ne me revienne à contre cœur pour vostre respect principalement. Mais, puisqu'il ha pleu à l'éternelle Providence l'ordonner ainsi, il fault que vous et moy le trouvions bon, comme je vous en prie le faire et vous persuader que si oncques je feus content ny satisfaict de vostre bonne volonté que je le suis maintenant. Il ne me reste que d'entendre de vous à mon retour toutes bonnes nouvelles, car des miennes le discours vous en sera faict ample par monsieur Falgas, présent porteur, à qui je remects le surplus, priant Dieu, ma cousine m'Amie, que je vous puisse en bref revoir restituée en vostre première santé, au péril plus tost de la mienne, qui n'ha estre que de vostre félicité, laquelle je vous souhaite en comble de vos contentements.

De Tolose, ce v^e^ d'Aoust 1567.

Vostre fidèle mary et entier amy,

JEAN DE CORAS.

Monsieur vostre frère et moy avons esté despuis presque tousjours ensemble et délibéré sur quelques choses qui j'espère luy reviendront à proufict et honneur ou je fauldrais à mon crédit envers la princesse que vous savez.

A Madamoyselle de Coras, à Réalmont.

Toulouse, 13 et 14 août 1567.

De vous escripre au long, m'Amie, l'humain et gracieux acueil dont la Royne et Monseigneur le Prince ont usé en mon endroict, ny les bonnes et multipliées chières qui m'ont esté faictes par monsieur et mademoiselle de Salettes, (1) nos sœur et frère, la vertu de mes mains, plume, papier et encre n'y pourront suffire, aussi n'est-il pas grandement besoing, considéré que Monsieur du Pasteur, porteur des présentes, qui ha esté presque tousjours assistant à l'un et à l'autre, vous pourra faire du tout fidèle discours et néantmoins vous asseurer que vous estiez de touts uniquement désirée, et si avant qu'ils m'ont presque persuadé que les eaux des bains, pour ce mois de septembre, vous seroient proffittables, voire mesmes au jugement de monsieur Fabri (duquel j'ay voulu sur touts aultres avoir l'advis), vray qu'il réservoit la résolution plus certaine après vous avoir vue à Pau. Je ne sais si madamoyselle vostre sœur (aussi joyeuse et escarrabilhade qu'elle feust oncques) l'avoit attiré à son affection; quoy qu'il en soit, c'est ores à projecter et exécuter les desseings que trouverez bons, car, de ma part, je veulx tout ce que vouldrez en ce faict singulièrement et touts aultres qui appartiendront à vostre santé; et s'il vous plaist vous y acheminer, mandez le moy ou venez pour donner promptement ordre aux appareils nécessaires et, surtout, à vous ajaucer d'accoustrements de soye comme vostre dicte sœur m'ha expressement admonesté de faire, pour des raisons que le d. s. du Pasteur vous dira. En quoy je ne sais qu'une difficulté, à savoir que si les desseings et désirs de Sa Majesté ne réussissent à son souhaict (comme peult bien estre que le Roy ne l'accordera, quoy qu'elle se persuade avec toute asseurance du contraire), plusieurs, proclivés à mal interprêter les choses bonnes, jugeront que vostre voyage, quelque aultre occasion des bains qu'on prétexte, n'ait esté entreprins que pour faire une entrée à la possession de ce que savez, contre vostre intention toutes fois et la mienne, nous qui n'avons onc pourpensé telles charges. Quoy que soit, je proteste que vostre santé gaignera perpetuellement, en mon endroict, le devant et que, s'il vous semble que le changement d'aer ou la compagnie de vostre sœur ou les eaux de Caudarès vous puissent tant soit peu proffiter, je le trouve bon aussi, et l'ayant ainsi arresté, debvez au plus tost, si vostre santé le permect, vous rendre icy pour dresser vostre équipage et desloger si à-propos que vous puissiez rendre à temps pour boire les eaux et, par ce moyen, recouvrer la convalescence que je vous désire d'aussi grande affection que ma propre vie. Au reste, j'ay ramené de Béarn icy André si malade qu'il est constrainct tenir le lict, et moy vous retenir Du Bois à faulte de serviteurs, jusqu'à tant que j'ay entendu de vos nouvelles et su si en avez besoing ou d'aultre. Je vous envoie le beau présent de quatre paires de gants que Madamoyselle de Salette, vostre sœur, vous mande, ensemble une sienne lettre accompagnée de tant et tant de milliers de bonnes affections envers vous que, de les exprimer de voix ou représenter par lettres, me seroit impossible. La fin sera de vous saluer de toutes les forces de mon cœur, et supplier le Saulveur du monde vous fortifier en ses grâces très-sainctes. De Tolose, ce XIIIe aoust 1567.

Vostre fidèle mary et amy asseuré,

JEAN DE CORAS.

Après avoir escripte la présente, Monsieur Isarn est arrivé ou m'est venu trouver, par lequel ay entendu le piteux estat et indisposition vostre durant mon voyage, qui m'ha renouvelé les vieilles croix et fascheries desquelles plaist au Seigneur nous visiter et lesquelles fault prendre de sa main, se consolant en iceluy seul qui peult donner santé aulx malades et resjouir les affligés, comme j'espère fera de vous et moy, vous remettant bien tost en la première convalescence, comme vostre saignée du nez promect, et nous en verrons bien tost les heureulx effects et expérience au jugement mesmes de Monsieur Ferrier, qui vous en escript et mande le règlement que

(1) Jean de Salettes était président du Conseil souverain de Béarn. Il devait avoir épousé la sœur de Jacquette de Bussi, femme de Coras.

debvez tenir. Sur quoy, je vous prie, en attendant les vacations qui s'approchent (auquel temps serons, Dieu aydant, continuellement ensemble) me faire plus souvent entendre de vos nouvelles, plustost par homme exprès, et demander ce qui vous sera ou nécessaire ou agréable, si part de là ne se peult recouvrer, n'espargnant bien ny argent quelconque. De Tolose ce ce jeudy XIIIe d'aoust 1567.

Recouvrez le manteau de Crespin que son oncle vous baillera et me l'envoyez, car il en ha eu grand besoing à ce voyage pour rabattre les desmesurées pluies qui nous ont assaillis.

A Madamoyselle de Coras à Réalmont.

Toulouse, 3 septembre 1567.

Je suis en peine, m'Amie, pour ne savoir à toutes heures de vos nouvelles, combien que j'en accuse la faulte de messager plus tost que vostre gentil cœur que j'ay tousjours esprouvé bon de ma part. Je suis taut altéré de vous aller trouver que je désirerois volontiers estre plus vieulx des dix jours qui restent jusqu'au temps de mon partement, qui ne sauroit estre interrompu par les recharges que la Royne de Navarre me donne par multiples lettres et messages que je l'aille trouver soubdain que le parlement sera fini. Car, comme je luy ay escript, si la provision et dispense qu'elle ha mandé requérir du Roy n'est octroyée et publiée ou registrée en ceste cour, mon allée, en quelque temps que ce fust, ne seroit trouvée bonne, comme aussi je luy avois dict de bouche; mais l'affection de ceste vertueuse princesse luy avoit faict oublier, à ce que je vois, une partie de mes propos. Où feray fin après avoir prié le Saulveur du monde vous donner le comble de ses grâces et vie très-heureuse et longue.

De Tolose, ce mercredy IIIe septembre.

Vostre parfaictement amy et mary,

JEAN DE CORAS.

Faictes moy provision de quelques poules blanches qui ponnent pour ce que savez de mes yeux.

A Madamoyselle de Coras, à Réalmont.

Toulouse, 29 novembre 1567 ?

Vous ne me sauriez faire croire que je ne me deusses facher, voire, si nostre amitié le permetoit, aigrement me courrousser de ne m'avoir escript ne faict entendre de vos nouvelles despuis mon partement, où au contraire je n'ay trouvé chat ne chien que je n'aye chargé de mes lettres. Certes, ma cousine, cela me faict entrer malgré moy en opinion que je ne suis si avant gravé aux entrailles de vostre mémoire que j'ay tousjours desiré ou par vos premières je serais mieux satisfaict du retardement de m'escripre. Je n'ay pu trouver de bonne pansa (1) parmy les apothicaires, mais estimant qu'elle estoit conférente à vostre santé, j'en ay prié touts mes amis qui en recouvrent quelquefois du Languedoc bas, qui m'en ont donné de fort belle et bonne que je vous envoie, en quoy aussi vous cognoistrez combien je vous devance en souvenir. Anel et Hugonie vous ont escript; je vous mande leurs lettres par lesquelles pourrez entendre que le paiement de tels débiteurs est, le plus souvent, de paroles. Voilà, m'Amie, ce que je vous puis escripre sur mes altères et mes plus grandes colères basties sur le peu de souvenaance qu'avez du meilleur amy que sauriez recouvrer de trois siècles, remettant le surplus à ce qu'amplement je vous ay escript par vostre valet de chambre, car rien n'est de nouveau survenu qu'espérance de toutes choses bonnes avec l'ayde du Saulveur et rédempteur du monde, lequel je supplie vous fortifier en ses graces, me remettant plus souvent

(1) Raisins secs de Panza, ou *passarille*, très-estimés alors.

aux vostres. De Tolose, à haste, ce XXIXe novembre, jour Sainct-Sernin, après avoir ouy messe.

Vostre de toute affection,
JEAN DE CORAS.

A Madamoyselle de Coras, ma bonne cousine et amye, à Réalmont.

Toulouse, 8 décembre 1567.

Coras a reçu de sa femme des provisions de bouche dont il lui accuse réception et il ajoute : M'Amie, je vous envoye deux plumes bien taillées et fendues à mon gré, comme vous estes, plus les pseaumes traduicts en gascon, accompagnés d'un de mes arrests de Martin Guerre nouvellement et pour la cinquiesme foys réimprimé; ensemble un Nostradamus de l'année prochaine, qui prédict des choses horribles et sanguinaires, singulièrement contre les Eclésiastiques. Vous userez de chascuns de ces livres pour vostre récréation, attendant ma venue.

. . . .

Je ne fauldray commander à Pierre ce qu'escripvez des gensemins (1) et satisfaire de toute ma puissance à vos héroïques et sainctes volontés, à la charge tousjours que je sois indéliblement rengravé aux entrailles de vostre cœur et centre de vos divinement bonnes grâces, lesquelles de toutes mes affections je salue, priant Dieu, ma bonne cousine et amye, vous despartir la plénitude des siennes. De Tolose ce 8me décembre.

Fidelissimo amico et consorte di v. s.
JO. CORASIO.

Nouvelles :

Le Roy (ayant entendu que Messieurs de Guyse sont à Nantueil, dix lieues près Paris, avec nombre d'Italiens, Reytres, Lorrains et François touts en armes, et que Monsieur l'Admiral avec pareilles ou plus grandes forces est à Melun et Corbeil, sept lieues lez Paris et assez voisin de Nantueil), s'en va de Tours et Blois droict à Paris, ayant envoyé au devant dix-huict cens chevaulx pour empescher le rencontre et chastier le premier assaillant ou accorder les deux parties. — Monsieur le connestable s'est déclaré pour monsieur l'Admiral. — Le seigneur Estrossi, nepveu de Monsieur le cardinal nostre evesque, s'est déclaré de la religion, dont la Royne s'est faschée. — De nos quartiers, Monsieur de Sérinhac, frère de Monsieur de Terride, s'est déclaré aussi pour la religion, et non content s'en est allé trouver le d. sieur Admiral. — Monsieur de Montluc avoit mis garnison à Lectoure et en quelques autres lieux de la Guyenne dont il a esté aigrement tansé par lettres de Sa Majesté. — Nos capitouls ont esté bien fachés (j'entends les vieux) d'avoir naguères receu lettres du Roy et de Monsieur Dampville d'eslire seize personnages et envoyer le nom à Sa Majesté pour, par icelle, en estre prins huict, et ce pendant les vieux administreront. — Les affaires, quoy que die Nostradamus ne sont ny ça ny là si turbulents qu'on n'en espère, par la miséricorde de Dieu, plustost bien que mal et pacification que de venir aux mains, considéré le grand danger auquel toute la France seroit exposée si les forces de Messieurs l'Admiral et de Guyse s'attaquoient.

A Madamoyselle ma cousine, Madamoyselle de Sainct-Martin.

Réalmont, 16 juillet, 1568 ?

Madamoyselle ma cousine, pour briefvement satisfaire à vostre lettre et à vos honestes intentions, je suys d'advis qu'arrestiez ung aultre voyage pour aller boyre de l'eau d'Aygues-

(1) Jasmin.

Caudes (1) au commencement du prochain moys de septembre, peu avant ou peu après, et alors, au jour qu'il vous plaira destiner, l'homme que savez m'ha promis se rendre à Nay, là où, s'il ne vous fasche, vous trouverez aussi accompaignée de Monsieur de Salettes et de Monsieur le Prévost, et alors, j'espère que le d[t] sieur de Salettes et vous entendrez choses qui vous seront à mon advis agréables, à la chargé, toutes fois, de tenir les affaires, entre cy et là, si saigement couverts comme vous savez qu'il *est nécessaire* et qu'affectueusement je le désire. Il est vray que j'y prévois quelques difficultés, non pas sur la substance de l'acte; mais sur l'exécution, à cause de la profession que vous avez faicte, de laquelle celuy que sçavez n'est pas (ou je me trompe) fort esloigné; dont fauldra y penser à ce que touts deux après puissiez librement, par quelque honeste tromperie des anciennes observances, conserver en vostre patrie. Je parlerois plus clairement si je ne pensois faire tort au gentil esprit à qui je m'attaque. Il est, au surplus, besoing que j'entende promptement si aurez receu la présente et le jour que serez d'advis que l'homme se rende là où aviserez, afin que les cœurs et le corps balancent esgalement. Ce pendant, je vous pry croire, Madamoyselle ma cousine, que je ne desire rien tant que la faveur de vos bonnes graces auxquelles humblement je me recommande.

De Réalmont, ce XVIe juillet.

Vostre humble parent, amy et serviteur,
DE CORAS.

A Madamoyselle ma Sœur.

27 octobre 1568.

Trois jours après vostre partement, le serviteur qu'aviez laissé par de ça pour donner ordre à vos affaires feut contrainct desloger pour les raisons qu'il vous dira ung jour, n'estant retourné que samedy dernier, après avoir souffert mille misères et travaulx, voire, m'ha on asseuré, qu'au sortir de la ville il feust guetté de quatre hommes à cheval pour le tuer au chemin qu'il avoit entreprins pour vous aller trouver; et, sans quelque bon advertissement qui le fist forvoyer chemin, il estoit troussé. Il est fort après de s'accomoder en quelque sorte pour s'acheminer devers vous; mais il craint soyez courroussée et luy donniez congé, joinct qu'il est si honteux, qu'à peine se présentera il à vous du premier coup, mais s'en ira costoyant à l'entour du lieu où vous estes, pour entendre toutes choses et *de vous* et de toute vostre maison et compaigne de.... (Plusieurs mots manquent).... Je l'ay néantmoins asseuré de vous et que le retiendrez aux gaiges acostumés, voire, s'il vous sert bien, les luy augmenter, mais c'est ung sot qui n'ose, comme il dit, se monstrer à vous sans avoir receu de vos nouvelles qui l'advertissent du tout, et de vostre volonté envers luy, et de vostre compaignie. A quoy vous adviserez ce que debvez faire et me maintiendrez en vos bonnes graces auxquelles humblement me recommande.

De vostre maison, ce mardy 27e d'octobre.

Vostre frère, amy et serviteur,
DE SORAC (1).

A Madamoyselle ma sœur.

4 novembre 1568 ?

Madamoyselle, Croyez, je vous prie, que les aises que vostre facteur ha receu par vostre der-

(1) Les Eaux-Chaudes, commune de Laruns (Basses-Pyrénées), étaient une station thermale très-fréquentée au XVIe siècle. — La reine de Navarre et sa cour s'y trouvaient en août 1571. (*Let. d'Ant. de Bourbon et de Jeanne d'Albret*, p. 391. — Edit. de la Société de l'hist. de France.)

(1) DE CORAS. — Il s'agit, sans doute, dans cette lettre de Coras lui-même qui tente d'aller trouver Jeanne d'Albret à La Rochelle.

nière ont été indiciblement grands, ayant au vray entendu comme se passent de vostre costé les affaires, l'incertitude desquels, accompagnée du tesmoignage que les vostres mesmes luy avoint rendu du changement de vostre volonté en son endroict le tenoit pieça si fasché qu'à peine encore se peult-il remettre, fort marry néantmoins que vos premières lettres ayent esté interceptées ou tellement esgarées qu'il n'y a espérance aulcune de les ravoir et plus de ce que vostre messagier arriva le lendemain que vostre facteur feust party de la ville pour négocier certaines choses qui luy importoient en une de vos métairies où il est encore, et ne fault doubter, Madamoyselle, qu'il ne se feust singulièrement pleu d'entendre, de la bouche du messagier, vostre estat. Mais, puisque Dieu ne l'ha voulu tant féliciter, il se sent assez content et satisfaict, pour ceste heure, de prendre asseurance par vos lettres que vous le retenez tousjours à vostre service et aux gaiges acostumés, et que n'avez eu vouloir de bailler le traficq de vostre cabal à austre que luy, en quoy, me semble, faictes chose digne de vous et d'un cœur généreux tel qu'est le vostre, n'ayant cogneu jamais en luy qu'honneste, loyal et affectionné service, quoy que la malignité de quelques envieux de sa fortune vous ayent gazouillé au contraire. Il avoit grande affection de vous rendre ses comptes de l'année passée et, à ces fins, s'acheminer devers vous, ayant desjà faict ses appareilhs, mais on le veult, par importunité de prières, presque forcer d'entreprendre voyage ung peu plus loing pour accommoder plusieurs aultres et ce pendant aussi servir à ses commodités et aux vostres en espérance de négocier plus avantageusement, là, vostre cabal qu'icy. Vray que le temps est si turbulent, les chemins si périlleux et la saison si dangereuse, qu'il aimeroit trop mieux rebourser chemin et reprendre le vostre, bien que plusieurs soient effrayés icy d'entendre que six ou sept mille espaignols doibvent descendre au pays où vous estes pour s'en empatronner et vous couper à tous la gorge ; ce que si vous entendiez, à toute diligence debvez reprendre l'air naturel, de quoy bien fort je vous supplie et de vous resjouir, profligant de vous tout ce qui vous pourroit donner des ennuys et ne prenez esmoy de vostre facteur sur lequel je tiendray l'œil combien (à ce que je puis cognoistre) que vous ne sçauriez trouver homme qui plus vous aymast et servist plus fidèlement, ayant peult estre reffusé, pour amour vostre, aultant de maistres que vous mesprisez pour amour sienne de serviteurs, en despit des vostres, mescognoissants et ingrats, qui font ores icy indignement du brave envers luy, à qui toutesfois vous sçavez bien qu'ils ne pourroint de leur vie satisfaire les innombrables biens qu'ils doibvent; mais il ha esté tousjours véritable que les biensfaicts mal colloqués sont jugés maulvais des Dieux et des hommes. — Sur quoy, Madamoyselle, je vous supplie que je demeure gravé perpétuellement en vos bonnes grâces auxquelles et humblement et affectionnément je me recommande.

D'une de vos maisons, ce 4 novembre.

Vostre facteur vient à ceste heure d'arrester le voyage auquel pourra despendre ung moys, peu plus, peu moins, lequel il entreprendra plus courageusement pourveu qu'il pense ne vous desplaire et que cependant faisiez grande chière. De quoy bien fort je vous prie pour luy.

Vostre parfaict amy et serviteur humble.

Cette lettre, à mots couverts, est sans date et sans signature. Elle est de la main de Coras qui feint de s'employer au *trafic du cabal de sa sœur* (en religion ?) et trouve le moyen d'avertir le Béarn de la descente des Espagnols.

Coras à sa femme.

La Rochelle, 16 novembre 1568.

Vous estant bien, je ne sauroy estre mal, dont ayant entendu la bénédiction de vostre convalescence, je me suys tellement resjouy, qu'il me semble rien ne me pouvoir nuire encore que m'ayez cellé vostre mal d'estomac qui sont les reliques et traces d'une si longue maladie, lesquelles s'effaceront peu à peu, ainsi que nos médecins m'ont asseuré qui désirent seulement de vous que, selon vostre acostumée sagesse, ne faisiez excès aulcun et que, ce moys de may prochain, reboyviez des eaulx pour mieux establir et confirmer vostre guérison; à quoy je m'accorde, à la charge que l'intervalle du temps ni distance des lieux ne retranchent rien de vos affections en mon endroict.

Je ne puis escripre à Monsieur vostre frère (1); mais je le salue très-humblement et à ma sœur aussi; et les asseurez du bon portement de Henry, leur fils, que je fais estudier icy auprès de moy pour le conduire en Béarn quand je m'en iray, qui sera plus tost que ne pensez, Dieu aidant, mais non si tost que je voudrois. Le surplus au porteur.

Vostre mary,
JEAN DE CORAS.

Je vous ay souvent escript et n'ay receu qu'un billet de vous despuis Nérac. A Dieu, m'Amie, lequel je prie vous donner plus d'heur et de bien que je n'en désire pour moi. Ce XVIe novembre 1568.

Coras à sa femme.

La Rochelle, 4 janvier 1569.

Ma cousine, sans vostre billet du XVe du passé j'estois presque mort et accablé des estranges nouvelles qu'on avoit espandues icy que Béarn estoit tout en armes, les papistes y commandant et exerceant milles carnages, vous avec Monsieur nostre frère et sa famille retirés à Navarrenx qui, despuis, avoit esté forcé de l'ennemy et rendu en ses mains; d'où vous pouvez recueillir les belles philosophies que mon esprit, incroyablement troublé, faisoit. Encore que je me pleusse quelque fois à ne croire du tout ce meschant bruict, bien vous puis asseurer, et en appelle à mon Dieu en tesmoin, que ce que plus me faschoit estoit de penser l'effroy vostre pouvoir estre cause de renouveller la maladie dont il a pleu au Saulveur du monde, par sa miséricorde, vous délivrer. Or de tant que j'estois marry, ores ayant receu vos lettres, je suys joyeux vous priant l'estre de mesme et, m'aimant, espérer que nous serons plustost ensemble que peult estre ne pensez. Je m'attends d'un jour à l'autre voir l'homme que me manderez, suivant la requeste que vous en ay faicte par ma dernière et douziesme lettre que vous ay escripte despuis mon arrivée icy où Henry, quoy qu'on vous aye dict, a esté tousjours près de moy matin et soir, avec ses livres en main pour estudier. Je le faisoys souvent manger à la table du conseil, bien qu'il feust ailleurs en pension, comme monsieur le général La Roze (1) et moy advisasmes debvoir lors estre faict; mais maintenant il mange tousjours avec moy et n'est plus en pension.

Puisque Lautrec est prins des nostres, et Gaillac de l'aultre costé, (2) j'espère, moy estant en Béarn, que nous pourrons, en asseurance, aller jusqu'à Réalmont par le moyen que vous diray de bouche. Au surplus, j'ay esté très-aise d'entendre que vostre frère ne soit point de retour de France pour q. que raison qui importe et que vous entendrez quand serons ensemble, Dieu aydant, lequel je supplie vous donner plus d'heur

(1) Jacquette de Bussi était alors dans le Béarn auprès de son beau-frère, le permier président de Salettes, qui faillit périr dans les terribles évènements auxquels Coras fait allusion dans la lettre suivante. (Voyez Olhagaray, *Hist. de Foix, Béarn et Navarre*, Paris 1609; — Bordenave, *Hist. de Béarn et Navarre*, Paris, 1873.)

(1) Auger La Rose, trésorier général de la reine de Navarre de 1557 à 1569.

(2) Gaillac fut pris le 8 septembre 1568, et Lautrec (Tarn) se rendit la 2 décembre suivant (V. Faurin et Gaches).

du 19 du présent, par laquelle mande que samedy dernier il estoit à Montaulban où M. Durant, advocat général, (1) revenant de cour, passa et coucha. Assurant ledit Cati, que le roy et messieurs ses frères, la reyne vouloient la paix estre gardée de poinct en poinct et que ce feust une paix stable comme à son avis elle seroit et dureroit. Il lui dict plusieurs aultres grandes choses lesquelles ledit sieur de Cati se réserve pour dire de bouche à ung homme qui le va trouver demain et nous a promis souldain de nous envoyer copie de son original; ledit Durant asseurant que M. de Cavaignes avoit esté de rechef et pour la troisiesme fois malade, à Paris, à l'extrémité; que la reyne luy envoyast son médecin et que maintenant il se porte bien et commençoit à sortir, de là vient qu'il n'a escript ni rescript à nos lettres fréquentes. Le recteur parla dimanche au soir ou lundi matin à Tholose audit sieur Durant (comme j'ay esté adverti par ung frère dudit recteur) lequel luy dict que le roy, la reyne et messieurs ses frères lui avoient dit qu'il fist assembler toute la cour et leur dit de leur part que, sur peine de privation de leurs estats, confiscation de leurs biens et leurs vies, ils ne faillent à garder de poinct en poinct touts les articles de l'édict sur peine d'en respondre. On assure que lundy il fut faict crie, à Tholose, qu'on eust à poser les armes et que personne n'en eust à porter sur peine de la vie; que despuis on faict grand et bon accueil à ceulx de la religion, et la face des choses, par une subite métamorphose, est du tout changée en ceste ville de bataille. Toutefois, les folies dont Messieurs vous escrivent sont plus certaines que ce subit changement, duquel nous serons certains au premier jour. Je ne sais si leurs folies passées demeureront couvertes jusques à la response du sieur député, si sont elles remarcables et dignes d'estre remonstrées, comme il ne fault, sauf meilleur advis. Sur ce, ayant salué vos bonnes grâces, celles de madamoyselle de Coras, vostre saincte part, je prieray le Seigneur vous donner,

Monsieur, multiplications des siennes sainctes.

De Castres ce xxe septembre.

Votre honoré frère et obéisant serviteur,

P. A. de Lagarde. (1)

A Monseigneur de Coras, conseiller du Roy en la cour du Parlement de Tholose et chancelier de la Reyne de Navarre, à Réalmont.

[Montauban, 20 octobre 1570.]

Monseigneur, n'ayant poinct trouvé Monsieur Du Lac-Vivier (2) en ceste ville, ay laissé vostre lettre à M. Constans, son hoste qui m'a promis la luy faire tenir bien tost. Au reste les affaires vont bien par deça et sont traictées d'un bon ordre. Plusieurs venant de Tholose attestent que l'entrée est livrée à tous sans aulcune inquisition ne difficulté. Il est vray que, de recharge, ils ont député deux hommes vers le Roy pour supplier Sa Majesté revoquer l'article de l'interdiction de nos causes et pour voir s'ils pourroyent avoir pour la d. ville mesme privilège que la ville de Paris quant à l'exercice de la religion. J'ay

(1) Jean-Etienne Duranty, avocat général le 8 mai 1568, premier président en 1581, massacré par les ligueurs 4 septembre 1589.

(1) Le signataire de cette lettre doit être Philippe de Custos, seigneur de Francqueville ou Francarville, dit Lagarde, président aux enquêtes du parlement de Toulouse. Il avait épousé Constance de Cavaigne et laissa un fils, Paul-Odet, qui était prisonnier à Montauban en 1582. Custos, « homme « de grande littérature et prudhommie, fort estimé de ceux de « la religion, se tua lui-mesme au village de Lardi estant « partroublé de son esprit... » (L'Estoile 18 juillet 1576.) — Un autre Lagarde, nommé François de Saignes, Toulousain comme Custos, finit aussi par un suicide à Paris le 30 septembre 1578. (L'Estoile).

(2) Dans une lettre, datée de Blois, 11 mars 1572, Jeanne d'Albret parle aussi de ce personnage qu'elle voudrait avoir auprès d'elle (Let. d'Ant. de Bourbon et de J. d'Albret; Paris, 1877).

parlé à homme qui est venu freschement de la cour qui dict que le Roy est en fort bonne volonté de faire entretenir la paix. M. le chancelier n'est encores rappelé et le sceau est entre les mains de l'évesque d'Orléans. M. de Guise est en cour et a espousée Madame la princesse de Portian (1), qu'est tout ce que, pour le présent, je vous saurois escrire, après avoir prié nostre bon Dieu, Monseigneur, vous avoir soubs sa saincte protection, saluant vos bonnes grâces de mes humbles recommandations sans oublier Madamoiselle.

De Montauban, ce xxe octobre 1570.

Vostre humble serviteur,

DUPUY (2).

A Monsieur de Coras, conseiller du Roy en son Parlement de Tholose et chancelier de Navarre, à Réalmont.

[Cornebouc, 5 janvier 1570.]

Monsieur, j'ay depêché homme esprès en cour et ne partira que ne sache sy avez rien à faire, car doit estre à la fin de ce mois de retour. Nos catholiques et mon ennemy de Rivières poursuivent à me faire sortir de ces lieux, et s'autorize seigneur de Cornebouc avec ses lettres du grand sceau que s'il vous plaist les lire verrez que sont faictes par bon esprit. J'ay présenté requeste au sénéchal sur le d. libelle difamatoire. Sans venir répondre ils poursuivent à obtenir leur estre permis mener le canon pour m'en sortir et, après, raser la maison, combien que je l'ay achaptée et que sois seigneur du lieu. Je ne sais comment Messieurs de Tholose s'en gouverneront, car je ne fais déplaisir à homme du monde. L'on m'a donné pour advis d'avoir lettres du Roy pour envoyer mes parties au grand conseil s'il advenoit que fusse recherché du passé. Ne sais si les dictes lettres pourroient estre générales en touts mesfaicts, et sy au besoing, je m'en pourrois servir, et sy aux dites lettres ung sénéchal ou une cour y auroit esgard et par ce moyen interdire ung juge où il procèderoit. Je vous supplie ne prendre en mauvaise part si ung, vostre serviteur, se rend trop familier par ces lettres de vous demander advis, faisant fin, Monsieur, je prie Dieu vous tenir en sa grâce me recommandant humblement à la vostre.

De Cornebouc, ce v[e] janvier 1571.

Vostre très-humble serviteur,

DE PASQUET.

Monsieur, en mesme instant, comme je despéchois ce porteur devers vous, sont venus trente arquebusiers le long de ceste Rivière et le capitaine Estelle qui m'a mandé que me prioit de parler à luy et cuydoit en parlementant me tenir et saisir la maison pour la voler. Mais Dieu ne l'a pas vouleu et luy a monstré que je n'estois seul et l'ay renvoyé malade. Ils ont esté à la maison de mon neveu, Pierre André, estant de retour à Galhac rompre la chaire du ministre où il preschoit, piller la maison, la fezoier toute; brief ils font touts les maux du monde. Je pense que Dieu pourvoira au tout. Nous avons envoyé, de ces jours, vers M. le maréchal ung nommé M. Vaysse, qui partoit de séans à charge de vous parler, et sommes après en mander ung aultre avec nos plaintes vers Messieurs les Princes.

(1) Antoine de Croy, prince de Château-Portien, l'un des chefs huguenots, mourut en 1564. Sa veuve, Catherine de Clève, nièce de Condé, épousa Henri de Lorraine, duc de Guise, malgré les recommandations expresses de son premier mari.

(2) Jean Dupuy, sans doute, dont la fille aînée avait épousé Lancelot Du Lac, lieutenant de la compagnie de gendarmes de Coligny.

A Monseigneur de Coras, conseiller du Roy en sa cour de parl. de Toulouse et chancelier de la Reyne de Navarre, à Réalmont.

[Toulouse, 7 janvier 1571.]

Monseigneur, j'ay receu présentement par M. votre fils, la lettre qu'il vous a pleu m'envoyer, de laquelle, ensemble de la continuation de vostre bonne voulante, vous mercie très-humblement; mais j'ay grande occasion me plaindre de Madamoyselle en ce qu'elle ne m'a poinct adverti de son arrivée par deça; car je luy eusse sans faulte incontinant faict reception et présenté le service que je luy doibs. Quand à vos strenes, elles seront expédiées au premier scel, estimant que M. de la Terrasse qui le tient ne fera la difficulté de M. de Saint-Pol qui ne veult admettre la qualité de Messieurs les Conseillers jusqu'a ce qu'ils seront restablis en l'exercice de leurs estats. Au reste j'ay copie des articles dont m'avez escript, selon la response desquels, en ce qui concerne Tholose, la jussion y mentionne de republier l'edict purement et simplement, sans aulcune modification et d'envoyer le registre précédent, fut sapmedy dernier, porté par Monseigneur le premier Président avec lettres closes du Roy, de Monsgr. le Mareschal et de M. de Joyeuse en la grand chambre. Sur quoy, sans appeler les autres chambres ny en faire communication à M. le Procureur général auquel est mandé faire toutes poursuites, a esté délibéré ne rien faire que les députés par la cour envoyés n'ayent esté ouys. Je ne sais si soubs mesme occasion ou pour attendre quelque forme de main forte, au lieu du d. s. Mareschal qui est jà à Lyon s'en allant en cour, Mess. les commissaires exécuteurs de l'édict de paix retardent d'approcher plus près. Quoy qu'il en soit et quoy qu'on die, il n'y a asseurance d'eulx depuis qu'ils armèrent à Lartigue qui est à M. Mallac, recepveur général, pour prendre deux mille livres qu'ils ont sur luy à l'exploict de leur commission; et m'asseure qu'ils ne feront pas grand coups sans la d. response, laquelle aussi faicte, je m'attends de voir icy une bonne paix. Messieurs les capitouls après avoir pris et payés deux cens soldats estrangers, ont faict rapport à la cour de plusieurs advertissements qui lui les auroient mis en crainte, toutesfois rien après que le prisonnier, pour menaces prétendues, a eu la torture bien sec, les d. capitouls ont ordonné ung plus amplement enquis. L'on faict icy ung grand cas, comme de vrais il n'est pas de petite importance, de l'imprimé de la déclaration expédiée après et comme l'edict de la paix en faveur des rentes de l'université de Paris pour les principaulx et régens et pour la visite et recherche des livres. Mais, veu la date, j'ay cogneu que c'est la déclaration dont a esté faict plainte, laquelle il fault que soit rapportée par la response des d. articles. Cinq ou six gentilshommes se sont déclarés et ont faict des églises du costé de la Gascoigne. M. de Benac estant icy pour la poursuite d'ung sien procès, a eu loisir, comme il m'a faict dire il y a assez longtemps, de s'en aller tenir les estats de la Reyne de Navarre, en Bigorre, d'où il a esté faict Sénéchal (1). Il porte la lettre pour aller au-devant de Monseigneur le Prince de Navarre qui doibt passer par ces quartiers dans quelques jours. M. le Sénéchal de Foix a esté reçeu en la d. ville avec salutations de plus de cinq cens coups d'arquebusades et y tient présentement les estats, comme m'a escript le contrerolleur du domaine de la d. Reyne en la d. comté. Mais quant à la provision de faire prescher à Saverdun comme une des quatre maisons où la d. dam^elle peult faire, il y a ja, soubs la requeste du d. sieur procureur général du Roy, provision expédiée pour l'empescher. Pour le regard des nouvelles de cour, oultre les nopces et quelque réformation faicte à la venue de la Reyne sur les masques et baisers trop ordinaires

(1) Philippe de Montaut, baron de Bénac, avait été nommé Sénéchal de Bigorre le 10 mai 1560 (Histoire de Béarn et Navarre, par Bordenave, Paris, 1873, p. 145.)

des dames, nous n'avons rien de plus notable et certain que l'arrivée des ambassadeurs des princes protestans d'Allemaigne pour féliciter le Roy de la paix et son mariage, avec des lettres et offres de luy donner tout services contre ceulx qui vouldront empescher la tranquillité de son royaulme telle qu'il l'y a mise, ce que viendra bien à propos pour ce que c'est sur le poinct et au temps qu'on traictera des affaires de par deça. Que sur l'endroict où je vous présenteray mes très-humbles et affectionnées révérences, avec prière au créateur vous donner,

Monseigneur, en santé et prospérité, très-longue vie. De Tholose, ce VII janvier 1571.

Vostre humble et obéissant serviteur à jamais,

F. RAMOND DE LA BORNERIE (1)

[Toulouse, 21 janvier 1571.]

Monseigneur, je n'eusse failli de souvent vous escripre et faire entendre ce qui se passoit par deça s'il se fust offert chose digne de vous et porteur de vos quartiers, n'en ayant veu ny seu nouvelles depuis la vostre que vous escripvistes après l'entrée de Sainct-Martin, ce qui me servira d'excuse légitime, j'estime, Messieurs de Ferrières et de L'Hospital (2) sont à Montauban. Hier j'escripvis au d. s. de Ferrières qu'il seroit bon fussent icy, ensemble tous les Messieurs leurs compaignons, attendu que Messieurs les commissaires sur l'exécution des troubles y sont arrivés depuis mardy et n'y voyant aulcuns des Messieurs, se fascheront. Messieurs Dauros (3), qui est à La Bastide, de Lac Viviers, à Pamiers, en ont esté advertis et le frère de Monsieur Lacger (1) auquel j'ay ce jour d'huy parlé les mande demain advertir. Les d. sgrs. commissaires entrèrent mercredy à la cour et présentèrent leurs commissions. Lendemain y retournèrent et assistèrent à l'audience après commencèrent respondre requestes et desirent continuer demain... (Plusieurs lignes tâchées ou enlevées) . . . .

Quant à moy je n'ay rien obtenu ne .... bouge de la maison aydant mon fils en sa charge. Mons. le greffier est délibéré empescher que ne sois remis en ma charge. Toutefois l'on m'a faict dire si je voulois estre des leurs que je serois receu et bien venu. Ma response, pouvez penser quelle a esté pour ce que vous entendrez par ma Damoiselle. N'ayant aultres affaires particuliers ou généraulx, ne vous en diray plus long propos; Mais mon fils vous remerciera bien humblement de la bonne souvenance que vous plaist avoir de nous, vous priant continuer et nous recommander envers Mons. le prévost et aultres vos bons amis pour ayder à nous remettre, estant entièrement desvalisés de la pratique ancienne, bruslés, pillés, saccagés. De nostre endroict, en tout ce qu'il vous plaira nous commander, mettrons peine à vous obéir. Les lettres de Monsieur de Montfalcon ont esté refusées, et respondu qu'il se retire au Roy. Il me semble que si les cottisations dont il se plaint sont pour le faict des troubles, il se pourra retirer aux commissaires, comme nous faisons. Les lettres de Monsieur Barrau s'obtiendront à la première chancelerie ; et à tout,

Monseigneur, me recommande... (le reste est effacé). . . . .

Vostre humble et obéissant serviteur,

JEHAN RECODERC (2).

(1) Ramond de la Bornerie, *secrétaire du roi*, à Toulouse, fut l'un des signataires de la trève qui précéda les massacres de 1562. Il fut cependant relaché après ces malheureux événements; mais condamné de nouveau plusieurs fois par arrêts du parlement.

(2) François Ferrières et Jean de L'Hospital, conseillers protestants (Voy. Mém. de Gaches).

(3) Thomas Lamiensens, sgr. Dauros ou d'Auros, cons. prot.

(1) Les trois conseillers qui figurent dans cette lettre furent, l'année suivante, les principales victimes des massacres de la Saint-Barthélemy à Toulouse.

(2) « Jean Recoderc et sa jeune femme seront prins au

A Monsieur de Coras, cons. du Roy en son parlement de Tholose, chancelier de Navarre.

[Toulouse, 24 janvier 1571 ?]

Monsieur, ce jour d'huy j'ay esté prié par ung qui est fort de vos amis de vous faire entendre qu'il a veue une lettre entre les mains de Monsieur de Joyeuse, signée : de Coras — dressée à ung capitaine, nommé de Gos, en laquelle estoit escript au d. capitaine de se tenir sur ses gardes, suivant certains advertissements de monsieur l'admiral; voire qu'il y avoit eu double mandement de faire des entreprises pour se saisir des principales villes d'Albigeois. Quant à la date d'icelle lettre et du lieu, dict qu'il ne s'en advisa poinct; il luy semble que soit sans aulcune date. Et combien, Monsieur, que je m'asseure, comme font touts messieurs vos frères et amis, que ceste lettre n'est partie de vous, à quoy tout homme qui vous cognoit tant peu soit donné de bien entendement n'y faira difficulté aulcune, toutesfois je n'ay vouleu obmettre vous en escrire, vous suppliant le prendre en bonne part.

Monsieur Ferrières vous a escrit dernièrement et répété l'estat auquel nous sommes encore. Il ne se dict icy rien de nouveau que vous ne l'ayez entendu. Ne vous fairay plus longue lettre, seulement je supplie très-humblement nostre bon Dieu.

Monsieur, en très-bonne santé vous continuer ses très-saintes grâces, saluant les vostres et de madamoyselle (illisible) de mes très-humbles révérances, comme fait aussi ma femme. De Tholose ce 24 janvier.

Vostre bien humble frère et serviteur,

LACGER (1).

« corps »; 19 février 1569. — Arch. de Toulouse, msc. 441, f. 220. — Liste des *suspects*.

(1) Le conseiller de Lacger, était le frère aîné du juge de Castres. Ils s'appelaient tous deux Antoine.

A Monsieur de Coras, consl. du roy en son parlement de Tholose et chancelier de la reyne de Navarre, à Réalmont.

[Valdériès, 26 janvier 1571 ?]

Monsieur, je n'eusse tant demeuré à envoyer devers vous si ce ne feust que despuis que je suis arrivé en ma maison n'ay guère boutgé de Padiès (1) ou bien de ceste ville pour quelques miens affaires qui m'importent, comme j'espère vous dire en nostre première veue, Dieu aydant, espérant vous aller trouver à Tholose incontinent que je sauray y serez.

Ce pendant je mande à la Guimaryé que l'on vous envoye des mosquets. Supplie me mander si le trouverez bon.

Je ne sais rien de nouveau que soit digne de vous escripre. Il se parle que l'on a vouleu empoisonner le comte de Carmaing (2), et dict-on que c'est madamoiselle de Gauja. Toutes fois, je vous le baille pour oui dire. S'il est ainsin, volontiers l'on dict : *Bene meritto*. Plus ne vous en diray; mais bien salue vos bonnes grâces de mes humbles recommandations, priant Dieu, Mons., vous donner longue vie.

De Valdériés (*Laguimarié* est effacé) ce XXVIe janvier.

Vostre bien humble et obéissant serviteur,

LAGUIMARYÉ.

(1) Padiès-Rouméqous, canton de Valence (Tarn), ne doit pas être confondu avec le château de Padiès, près Lempaut. —Laguimarié, commune de Monestiés, est aussi dans le Tarn.

(2) Odet de Foix, comte de Caraman, que les protestants appelaient le *Renégat* : « Il avoit tenu Puylaurens aux premiers troubles contre les catholiques. » — (Lapopelinière).

A Mons. de Corras, cons. du roy au parl. de Th. et chancelier de la reyne de Navarre, à Réalmont.

[Vénés, 20 mars 1571.]

Monsieur, J'ay receu présentement vostre lettre et veu la responsc de Messieurs les Princes aux articles que M. de Biron leur a portée que je vous renvoie icy, suivant ce que me mandez et le d. sgr. de Biron est retourné vers eulx et que Monsieur le grand escuyer y va aussi, comme de plusieurs part asseurent. Il y en a aussi d'autres qui y vont de la part du roy (un mot coupé) premièrement dépêchée que le d. sieurs grand escuyer. Je tiens la paix pour toute arrestée, mesmes attendu que Monsieur Damville l'a ainsin déclaré aux capitouls de Tholose et a plusieurs autres. J'espère vous en rendre plus certain dans trois ou quatre jours. Quant à ce qu'il vous plaist me dire touchant Monfaucon, je cognois ma cause sy bonne et vous sy juste et capable de la terminer que, puis qu'il la vous remect, j'en suis content et, hors de vous, je ne la remectrois à personne; ains espère le conduire sy bien par justice que je le mectray au pain quérant et luy feray cognoistre que je suis son seigneur et qu'il est mon subject et qu'il n'est en la puissance de ceulx qui le soubstiennent se faisant ung grand tort de le sauver. Il m'a faict tant de mauvois tours et commis tant d'espèces de félonie que, quand vous les entendrez, m'asseure, les treuverez fort estrange et fort mauvois; et pour en cognoistre quelque partie, vous envoie la lettre que j'ay receue ce jourd'huy d'Idriard, frère d'un beau-fils de M. de Saint-Pol, maistre des requestes, que aux portes de céant me fist prendre estant venu vers moy, avec des lettres de M. de la Casedieu (1) et de madame de Clermont, me rendre raison de quelques miens affaires que je vous diray et en ceste prinse il faudra l'asseurance que M. de Boissezon (1), qui l'aura mis gouverneur à Réalmont, m'avoit donnée. Sy je n'eusse veu la paix si avancée, au moyen de laquelle il sortira, j'eusse envoyé devers M. l'admiral que, m'asseure, me le feroit rendre et me feroit de plus grands biens sy je luy en demandois, car je luy ay faict et aux siens depuis long temps des services quy méritent plus grand chose. Et, remectant de plus grands et plus importans discours alors que je vous pourray voir, me recommanderay humblement à vos bonnes grâces et prie nostre seigneur vous donner,

Monsieur, en sancté très-bonne et longue vie. De Vénés, ce 20 de Mars.

Vostre affectionné serviteur et obéissant voisin,

J. de Bernuy.

(Au verso :) Let. de M. le viscomte de Vénés (2).

A Monseigneur de Coras, cons. du roy et chancelier de la reyne de Navarre, à Réalmont.

[Castres, 23 avril 1571.]

Monseigneur, pour ce que dernièrement, estant à Puilaurens, me donnastes lettres à Monsgr. de Cavanies pour obtenir appoinctement de Messieurs les Princes, à la requeste que je vous communiquai, à laquelle me fust respondu qu'il estoit enjoinct au lieutenant du juge de me favorir de touts les profits qu'il pourroit, et quant à ce que je demandois la jouissance des gages du juge comme papiste fugitif néant, laquelle requeste je n'aurois point communiqué à

(1) Jacques du Faur, abbé de La Caze-Dieu, président en la première chambre des enquêtes au parlement de Paris.

(1) Antoine Peyrusse, sgr. de Boissezon.

(2) J. de Bernuy, chevalier de l'ordre du roi, était vicomte de Rodde et Lautrec, baron de Vénés, Saïssac, Villeneuve etc., du chef de sa femme, Marguerite de Foix-Caraman.

feu Mons. Melon, lieutenant, décédé ce vingt et troisiesme abvril, et pour ce que, comme j'attends, Messeigneurs les conseillers vos companions sont requis pourvoir à la régence; sachant que vous y pouvez beaucoup, je vous vouldrais prier me donner lettres de faveur, car, comme vostre seigneurie saist trop mieulx, je suis frustré de l'exercisse de mon office, oultre la ruine du peu de bien que Dieu m'avoit donné. Je me doubte bien que vostre seigneurie aura esté interpellée par aultre, ce non obstant je me suis persuadé que cognoissant le bon besoin que j'ay de gaigner quelque denier, la bonne volonté que vous avez par effect monstrée à mon endroict, en cestuy-ci continuerez pour moy vous estre de plus en mieulx obligé. Je crois que vous avez esté adverti du décès de feu mon frère, le conteroleur (1) et d'icelluy de ma femme du Tilh, la qualité desquels estoit bien différente, vous asseurant que celle de l'un m'a esté fort griefve. Parquoy prie Dieu, Monseigneur, vous donner en santé vie longue, me recommandant humblement à vos graces sans oublier la companie.

De Castres ce dict jour XXIIIme abvril.

Vostre très-humble serviteur et parent,

De Cabrier.

(Au verso :) Lettre de M. le juge Cabrier.

A Messieurs de Coras, cons. du roy en parl., chancelier de Navarre, et de Lacger, aussi conseiller de sa majesté au parl. de Toulouse.

[Francarville? 19 mai 1571.]

Messieurs, estant de retour du bas Languedoc, et ayant despêché tant en cour que devers les grandeurs comme il estoit de besoing, en attendant les réponses, j'ay tasché, avec toutes les difficultés au monde, de mettre ma pauvre famille, ensemble ma teste à couvert. Mais, cuidant avoir achevé, j'en suis à recommencer presque. Cela conjoinct avec mes purgations de la peine et le regret extrême que j'ay porté et porte pour la transmigration de la maison et famille de M. mon bon frère M. de Cavaigne (1), m'ont empesché de si souvent vous escripre que j'eusse désiré, n'ayant pu satisfaire, par mesmes causes ni à mon obligation, ni à ma volonté. Maintenant ne vous puis escripre aultre chose sinon que M. de Cavaigne me fait entendre, par ses dernières, que la provision et despêche de nostre restablissement est faite, non obstant toutes remonstrances et qu'il l'envoyera au premier jour. Quant à la punition, me répond de (trois mots coupés) ains crois-je qu'il n'y est pas. Le Roy est fort solicité et importuné de toutes les façons du monde pour l'abolition du fait de Rouen. Il est bien certain que touts les grands out esmendé (2) et s'assurent bien que doivent, par l'ordre, réviter les premières fièvres qui seules produisent, en telles choses, leurs effects en ce royaulme. Le temps leur apportera impunité totale de ce faict. — Je ne sais rien de plus si ce n'est qu'on m'assura hier que M. le comte de Carmaing est si atteint en Béarn, estant allé aux bains, qu'on a envoyé quérir madame avec inthimation de se bien haster si elle y vouloit estre assez à temps pour luy pouvoir parler une dernière fois eu sa vie. Elle y est allée. Le seigneur luy donne de tels soins qu'il cognoisse estre expédient pour son salut. — Au reste, on vêxe Donadieu et ses commis en mille sortes pour les affaires de soixante et dix. J'en escris

(1) Gabriel Cabrier, contrôleur du comté de Castres (V. mém. de Gaches).

(1) Nous avons déjà dit que Philippe de Custos, sgr de Francarville, dit *Lagarde*, avait épousé Constance de Cavaigne, sœur d'Arnaud.

(2) La lecture de cette lettre est difficile par suite de son mauvais état. Nous ne sommes pas entièrement sûrs de cette phrase, de ce mot surtout. — Un massacre de huguenots eut lieu à Rouen au mois de février 1571.

au sieur de Ferrières. Je vous supplie aussi leur vouloir remonstrer en combien de sales messages les princes y sont offensés auxquels l'injure est faicte; mesme que s'estant adressés à eulx par requestes et doleances, les appellent maintenant en partie. Car autant vault ensemble leur représenter, ce que je n'ay voulu leur dire par escript si clairement, que nos seigneurs feront casser tous leurs jugements avec despens et feront en sorte que tels esprits frétillant ne soient jamais renforcés en ce que si violantement et avec si peu de respect aux chefs ordonnés de Dieu durant la guerre pour leur salut, ils paroissent devant juges esloignés de la piété et cognoissance, se baignant en toute surté dans ces intestins désordres et partialités et ataxie qu'ils voyent parmi nous; que le seul moyen est de retirer de bon heur le pied de ces poursuites violentes hasardeuses et injustes; cela avec le surplus de plus grand prix qu'il vous plaira leur remonstrer et dont vous adviserez trop mieulx, m'assure, produira un bon effect.

Quant aux contables, il y a quelque ordonnance de leur gardes pour faire qu'ils dressent leurs estats pour les leur faire tenir afin que le général, pour envoyer au roy, le puisse dresser, dont leurs gardes sont tous les jours...... (illisible).... je l'ay envoyé à Mrs les pasteurs de Castres et vous prie m'advertir ce qu'aurez entendu qu'on aura faict sur l'exécution et en l'exécution de la délibération prinse, sur mon despart, de faire des députés, cependant dresser rolles; et qu'est ce que tout cela est devenu dont on m'escrit divesement et m'en tiendray, comme je dois, à ce qu'il vous plaira m'en faire savoir et qu'en pourrez entendre et recueillir par M. le juge d'appeaux. . . . .

(La fin de cette lettre est trop effacée, par suite de son séjour dans l'eau pour pouvoir être lue.)

. . . .

de Francqueville le 19 may.

Votre frère et serviteur,

P. de Lagarde.

(On lit au verso): Let de M. Custos... contenant aulcune nouvelles et affaires de la Cause.

A Monsieur de Coras, conseiller du roy et Chancelier de Navarre, à Réalmont.

[Vénès, 11 octobre 1571].

Monsieur, Je viens de recevoir présentement la lettre qu'est ici de M. Chalnel venue par le messager que ma fille dépêcha exprès pour vostre affaire. Il y a eu de la longueur parce que, quand arriva, M. de la Cazedieu estait extrêmement malade d'une dissenterie, et suite, qu'il ne peult voir les lettres jusques à estre mieulx. Mais je ne doubte pas que Monsieur le président de Saint-Jory ne veit et ne donnast ordre en l'affaire. Toutefois on est sy empesché aux préparatifs et conduite de nostre nouvelle royne qu'on n'a pas loisir à la moitié des choses, et ne se parle que de triomphes et despenses grandes et merveilleuses. Vous adviserez, Monsieur, sur ce qu'il me mande ce qu'il vous plaist que je pourvoye en vostres affaires; car, selon que vous m'ordonnerez, je feray. Je vous supplie de mon affaire qui, sy n'est l'heure, vous plaise en faire une fin; et desjà nous avons remis mesme différent, par prière qu'ils m'en ont faicte, et ont faict en sorte de faire venir M. de Boissezon à la Bastide pour moyener cela. Et à tout, prie nostre Sgr, vous donner,

Monsieur, en santé, très bonne et longue vie.

De Vénès, ce XIe Octobre.

Vostre affectionné serviteur et obéissant voisin,

J. de Bernuy.

A Mons. de Coras, chancelier pour la reine de Navarre et cons. en la cour de parl. de T. à Réalmont.

[Castelnau-de-Brassac, 5 décembre 1571 ?]

Monsieur, je croy qu'au traict de la requeste que je vous laissé dernièrement, il est obmis ung des points principaux, c'est que non obstant que le capitaine Colombiés eut reçu mandement de Mgr le mareschal de Dampville de ne faire plus courses ny user de force et violence en suivant la volonté du roy. Toutes fois, le d. capitaine Colombiés, cinq ou six jours après avoir reçu le dit mandement, par force, contrainte et violence, il se fit bailler du vicaire général de Mons. de Saint-Pons, la somme de II mil V cens livres que le d. vicaire avait en dépôt entre ses mains pour icelle somme bailler après que je serais esté conduit à Riols ou à la Fagiolle deux ou trois jours après et non autrement. Il y a quelques jours que j'avais dressé ung traict de lettre pour avyser sy j'en pourrois recouvrer une semblable de Mgr le mareschal de Dampville, car, à ce que j'entends, nostre partie a dit que sy le dit Sgr. luy commandoit nous en restituer qu'il le feroit en luy baillant action contre le dit Colombiés. Par une lettre du dit vicaire que je vous laissé dernièrement, il mande aussy à Mons. mon père que mon dit Sgr. le marceshal de Dampville en est juge compétant. A ceste cause, il me semble que pourrions sonder si le dit Sgr. nous en voudrait faire justice par appointements de requeste ou par lettre de cachet pareille à icelle que je vous envoie par le présent porteur. Et parce que j'espérois bientost envoyer quelcun devers mon dit Sgr. le mareschal ou en cour, tant pour cest effet que autres, vous prie bien fort m'en donner advis et la forme de procéder et nous envoyer les papiers pour les faire copier; et ailleurs où j'auray moyen m'employer pour vous faire service, le feray d'aussy bon cœur que prie Dieu, Mons., vous tenir très-heureuse, longue, haute et prospère vie, me recommandant très-humblement à vos bonnes grâces.

De Castelnau, ce V[e] décembre.

Vostre bien bon et affectionné à vous faire service,

LASSOUTS.

Mons. nostre partie par les lettres qu'a mandées à Mons. mon père, dit que sur ma foy Colombiés me laissa aller; dont, pour le garder de supterfuge longuement, faudra, me semble, appeler les paysans qui furent en queste pour me suivre après que je leur eus eschappé, et vous supplie bien m'advertir s'il sera assez d'avoir déclaration de ces paysans par devant un notaire (1).

A Monsieur de Coras, conseiller du roy en sa cour de parl. de T. à Réalmont.

[Toulouse, 22 décembre 1571].

Monsieur, vos procès sont en l'estat qu'estoient lors de vostre despart, tant au moyen des récusations contre moy proposées et admises que par défaut d'homme qui poursuive l'expédition d'iceulx. Touchant à vostre perroquet, il ne se porta jamais mieulx qu'il faict, disant le mot à tout propos, comme il en est occasionné par les garces (2) de chez nous qui le font, comme il leur plaict, chanter et parler. Je vous prie n'en estre poinct en peine, car il est prou recommandé à chacun de nos domestiques comme soy-mesme. Monsieur le Juge-mage est occupé à l'inquisition du faict concernant les absents qui est poursuivie par M. Dampville; si que

(1) Gaches, dans ses Mémoires, parle à diverses reprises des exploits de François Gautrand, S. de Lassouts; mais il ne dit point à quelle époque ni dans quelles circonstances il fut fait prisonnier.

(2) Pris toujours comme le féminin de garçon.

depuis peu de jours le prévost et ses archers sont de retour recherchant les maisons que savez. Nostre compagnie a des affaires en cour à la poursuite des quels je suis député pour partir le quinziesme de janvier au plus tard, dans lequel temps j'espère que vous serez de retour, et par ce moyen aurais-je ceste commodité de vous offrir de bouche le service que desire vous faire en ce qui vous plaira me commander. Messieurs de Nolet et de Catelani sont de retour chacun d'eulx pourvus des offices de lieutenants vacans, non qu'ils soient encore receus. Ils ne disent rien de nouveau dont je vous puisse faire part, et, à tant, prie Dieu, Monsieur, en santé, vous donner sa grâce me recommandent humblement à la vostre, si vous prie que Madamoiselle recoipve le semblable de mes recommandations que je présente à sa bonne grace comme faict bien ma femme.

De Tholose ce XXIIe décembre 1571.

Vostre bien humble et très-affectionné serviteur,

LAISSAC (1).

A Monseigneur de Coras, cons. du roy et chancelier de la reyne de Navarre, à Réalmont.

[Lautrec, 28 décembre 1571 ?]

Monseigneur, quelque bruit s'est levé de ces quartiers, comme j'ay entendu. Se passa ung porteur de Puylaurens nous l'a dict, allant en vos quartiers, et nos gens ont introduict quelques soldats dans icelle et le capitaine Bernady tient l'oreille dréssée. Je suis seul, car il n'y a personne pour m'assister. Vous prie nous advertir de ce que vostre seigneurie entend. Me recommande à vos grâces, priant Dieu,

Monseigneur, vous donner vie longue.

De Lautrec ce 28 décembre.

Vostre serviteur très-humble,

DE CABRIER.

(Au verso :) Lettre de M. le juge Cabrier.

A Mons. de Coras, cons. du R. en la cour de parl. de T. et chancelier de Navarre, à Réalmont.

[Gaillac, 1571 ?]

Salut par Jésus-Christ.

Monsieur, ce jourd'huy l'on m'a donné à entendre que vous aviez donné advertissement à ceulx de Lombers, Labessière et aultres lieux tenant pour la religion, qu'on ne laissast entrer aucun papiste avec les armes et que l'on fist aussi bonne garde que si nous estions en la plus grand guerre que jamais, et, que pis est, vous vouliez faire sortir les papistes hors de Réalmont.

Pour ce, je vous ay vouleu envoyer ce porteur et vous prier, par ce petit mot de lettre, m'asseurer mieulx du tout, que sera l'endroict,

Monsieur, que prieray le créateur vous tenir en sa garde, me recommandant humblement à vos bonnes graces.

De Gaillac, ce sabmedy.

Vostre bien humble et affectionné serviteur,

FR. DE CERIDO.

(On lit au verso :) Lettre de M. de Cérido, gouverneur de Gaillac.

---

(1) Laissac, *le jeune*, est signalé par *Bosquet* comme un des Toulousains « les plus affectionnés à la nouvelle religion ».

A Monseigneur de Coras, conseiller du Roy en la cour du Parlement de Tholose et chancelier de la Reyne de Navarre.

[Toulouse, 6 janvier 1572.]

Monseigneur, sur les pièces que vous renvoye, j'avais dressé la requeste que verrez, mais Monsieur de Sainct-Jory qui tient le sceau n'y a voulu entendre tant pour ce qu'il a long temps de l'expédition du commitionné que pour qu'il est a présumer qu'il a celuy qui l'accorda apparut la certification qu'il l'impétroit est couché en l'estat, en sorte qu'il faut que les greffiers se pourvoient par appel auquel tout sera desduict.

Au reste, j'ay esté à Villemur, ces festes, où les affaires des moulins et aultres sont en meilleur estat qu'ils n'ont esté depuis longtemps. Les consuls et habitans se monstrent estre obligés à la Reyne de Navarre, leur vicomtesse de ce que le guidon de la compagnie de Monsieur le mareschal d'Ampville (1), respondant à une lettre de la d. dame pour faire vuyder une partie des gens d'armes qu'on y avoit mis et qu'on vouloit mettre en la ville, a escript que plus tost il les nourriroit à ses despens en une hostellerie hors des terres d'icelle dame. Les d. consuls, m'ayant monstré les originaulx de la requestre et aultres pièces qu'ils doivent mettre vers vous, ont promis de le faire et vous en laisser ung collationné incontinant qu'ils seront advertis de vostre retour en ceste ville, comme aussi Reyniès, le compte et obmissions duquel avons bien vérifié, vous y attend. Il n'y a maulvais bruict de remuement qui vous doibve garder ou retenir, car l'assemblée faicte par Monsieur de Guise est venue à rien et pareillement quelque espèce d'esmotion faicte par quelque populas au remuement de la Croix de Gatins, à Paris, parceque le Roy et M. de Montmorency qui est aujourd'huy au d. lieu ont pourveu à tout. Vray est que le meurtre faict par le fils du comte Mausel, catholique (1), et quelques autres en nombre de XVIII, sur les personnes de Lignerolles, favory grandement, et Colombières, maistre d'hostel de Monsieur, sortant de l'abbaye de Lorgueul dans la ville d'Angiers pendant que le Roy estoit à la chasse et la rémission de grâce que sa majesté leur en fist incontinent sans l'avoir voulu retracter, a faict faire diverses compositions, et a-t-on faict icy quelques gardes extraordinaires de nuict, et honnis aulcuns de ceulx qui venoient faire rapports d'aulcunes choses qui se faisoient ou disoient en quelques villes et lieux des environs. Mais estant rendus aulcuns de MM. les Conseillers de la cour, de la Religion, de l'absence desquels avoit esté faict grand cas en tel bruict, vous ne sauriez croire comment tout à ung coup la rumeur à cessé depuis la reddition réelle de Lectoure et ce que le Roy, Monsieur et les deux Reynes ont escript à la Reyne de Navarre, tant pour ce regard, que pour haster son voyage vers leurs majestés, a faict encores sur tout ce que dessus tel contrepoix qu'il ne s'est parlé, qu'on saiche, aujourd'huy au palais que de la réception de Monsieur la Motte en l'office de Conseiller, et crois que mercredy prochain ne se parlera de faict de plus grande importance que d'ouir Monsieur de Nogaret, en quoy j'eusses bien desiré vostre présence, si la commodité l'eust porté. L'on s'attend que Mons. de l'Hospital arrivera ce soir avec des nouvelles, bien que ceux qui estoient en cour le XXIIe du mois passé et sont arrivés disent desjà qu'il n'y a que paix et inventions de trouver deniers. Tellement qu'on parle que les consignations seront non-seulement remises, mais il y aura une Dasse nouvelle (2) sur chacun estat jusques au laborement.

Le frère de Pierre Delpuech prent l'alternatif

(1) Jean de Nadal, sgr. de Lacrouzette, guidon ou lieutenant de Henri de Montmorency-Damville, gouverneur du Languedoc.

(1) Le mot *catholique* a remplacé celui de papiste qui a été batonné.

(2) Dace, sorte de tribut, venant du latin *dare* (Borel).

de trésorier de France en ceste généralité. Pour la fin et pour ung aultre signe de paix, le triumphe de la bazoche se renouvelle aux Roys de ceste année et M. Prévost est allé espouser à Ondes. (1). — La dite dame Reyne de Navarre, encores, a passé contract avec M. de Reyniès par lequel luy est baillé jusques au remboursement de XL escus sols III m. livres de reveneu sur la vicomté de Villemur, à les prendre ensemble jusques à cinq livres d'amendes par son recepveur et par charretées de bois, où il y vouldra subiter, luy baillant tiltre de comte de la d. viscomté à la charge que la justice se rendra au nom de la d. dame. Sur quoy le d. s. de Reyniès présimposa de y faire prescher, comme Mons. le viscomte de Paulin à Mezens (2), où desja il faict bastir. En cest endroict, je salucray vos bonnes grâces et celles de Madamoyselle, de mes très-humbles recommandations, priant le créateur,

Monseigneur, vous donner, en parfaicte santé et continuation de prospérité, très-longue vie.

De vostre maison à Tholose, ce VIe jour de janvier 1572.

Vostre très-humble et obligé serviteur,

F. RAMOND DE LA BARNERIE.

A Mons. de Coras, cons. du roy et chancelier de Navarre, à Réalmont.

[Vénés, 6 février 1572.]

Monsieur, j'ay receu vostre lettre du cinquiesme de ce mois. Je ne suis point d'opinion, puis que vous estes chez vous et en lieu sy à vostre goust, que vous alliez à Tholose que premièrement ne sachiez que quelcun de messieurs vos compaignons soient receus. Je délibère partir demain pour m'en aller à Seyssac, faisant estat me rendre à Tholose huict ou dix jours après que je sauray que M. de Clermont et ma fille y seront arrivés.

Je vous renvoie la lettre de M. de Nouvaillant. Ses nouvelles sont bien différentes de celles que m'avez envoyées ces jours passés et, me recommandant à vos bonnes grâces, je prie nostre seigneur vous donner,

Monsieur, en sancté, très-bonne et longue vie.

De Vénés, ce 6 de février.

Vostre serviteur et obéissant voisin,

J. DE BERNUY.

A Monsieur Jacques de Coras, à Réalmont.

[Villeneuve, 14 octobre 1573.]

Monsieur de Corras, En souvenance et reconnoissance de vostre honesteté dont me donnâtes moyen de faire jugement lors que je vous vis ces mois passés à Vénés, m'ayant par là voulu donner ce contentement que de cognoistre celuy qui de si près appartient à celui qui, en savoir, estoit des premiers hommes de son aage et duquel j'ay esté auditeur; en souvenance, dis-je, de ce, j'ay bien voulu accepter la première occasion qui m'ha esté offerte de vous donner un arre et tesmoignage du desir que j'ay d'espérer en votre endroict, tout acte de personne qui vous souhaite et vouldroit procurer tout bien, honneur et advantage, de quoy me trouverez aussi soigneux que personne qui vous soit proche ou d'amitié ou de parentage; c'est d'un filheul que m'ha donné Monsieur Barravi d'un sien fils qui

(1) Haute-Garonne, à 25 kilom. de Toulouse. La seigneurie d'Ondes appartenait alors à la veuve Raymond du Verger, Cécile Doux, qui avait épousé en secondes noces Antoine de Rapin, 1556.

(2) Mezens, canton de Rabastens, Tarn. — Antoine de Latour, sgr, de Reyniès, avait acheté la vicomté de Villemur à Jeanne d'Albret qui lui donna quittance de trente mille livres à ce sujet, le 30 janvier 1572. (Bibl. Nat. fond. Doat, 238, fol. 243).

luy est nouvellement né, lequel je vous ay donné ne pouvant aller de par de là moy mesme, vous priant le vouloir accepter pour le tenir avec Madamoyselle Bourguinne, fille de Monsieur de l'Hospital, ma cousine (1); ce que je fais d'aussi bon cœur que je prie le créateur,

Monsieur Corras, vous donner, en santé, longue et heureuse vie, saluant vos bonnes grâces de mes très-affectionnées recommandations.

De Villeneuve-la-Comtat (1), ce XIIIIe octobre 1573.

Vostre meilleur et plus affectionné amy
à vous obéir,

De Bernuy.

Au verso : (Lettre de Monsieur de Villeneuve).

(1) Jacques de Bernuy, président aux enquêtes, avait deux sœurs dont l'une épousa Jean de l'Hospital, conseiller au parlement. L'auteur de cette lettre est donc un fils de Jacques de B., que les généalogistes ne mentionnent pas. Il dut mourir sans hoirs.

(1) Aude.

FIN

www.ingramcontent.com/pod-product-compliance
Ingram Content Group UK Ltd.
Pitfield, Milton Keynes, MK11 3LW, UK
UKHW020953220726
13924UKWH00002B/671

9 782019 948528